von Kelten und Druiden

das grosse weisheitsspiel

von Kelten und druiden

das grosse weisheitsspiel

INHALT

VORWORT

Mystisch und rätselhaft erscheint uns die Zeit der Kelten, obwohl wir dank der Archäologie immer mehr Wissen über dieses Volk sammeln können. Wir wissen, wie die Kelten gewohnt haben, was sie produziert und wie sie ihre Äcker bestellt haben, mit welcher Ausrüstung sie in die Schlacht gezogen sind, wie sie gekleidet waren, mit welchen Münzen sie ab wann bezahlten und aus welchen Amphoren sie mediterranen Wein tranken … Jeder Gegenstand, den die Archäologen ausgraben, erzählt eine Geschichte. Was wir aber nicht wissen, ist, wie die Kelten dachten, fühlten und glaubten. Weil sie keine Schreibschrift hatten, gibt es keine schriftlichen Zeugnisse über ihre Gedankenwelt.

Das »dunkle Zeitalter«

Häufig wird die Zeit vor der Errichtung des Römischen Imperiums in Mittel- und Nordeuropa als »dunkles Zeitalter« bezeichnet. Grund dafür ist die generell dürftige Kenntnis über die Kelten, aber auch das mangelnde Wissen über Mystizismus und Religion. Spekulationen über unerklärliche Geschehnisse wuchsen ins Uferlose. Dass aus dieser Unkenntnis ein »keltischer« Kult entstand, der

noch im 19. Jahrhundert Theater und Literatur beeinflusste, liegt vor allem an der romantisierten Betrachtung, mit der die Iren im Mittelalter Ahnenpflege betrieben.

Die weniger schmeichelhaften Überlieferungen stammen von den römischen Zeitzeugen, die allerdings keineswegs objektiv berichteten, denn grausige Erzählungen über den Feind hatten weitgehende Freiheiten im Krieg gegen die Gallier und Inselkelten zur Folge, was der Feldherr Caesar angesichts seiner »Aufstiegspläne« gut gebrauchen konnte. Aber nicht alles war übertrieben, denn tatsächlich scheinen bestimmte religiöse Gebräuche der Kelten, soweit wir sie aus Fundgegenständen rekonstruieren können, in einer Form ausgeübt worden zu sein, die sogar für den römischen Geschmack als Barbarei gegolten hat und die für unsere vom Christentum geprägte aufgeklärte Welt schier unfassbar erscheint.

Die Weissagung der Druiden – ein Spiel

Wir wollen nicht behaupten, dass wir über die Praxis der keltischen Weissagung sehr viel wissen. Aber das, was von den römischen Zeitzeugen und von den irischen Erzählern überliefert wurde, gibt deutliche Hinweise auf die wichtigsten Handlungen, die Grundlagen, die Hilfsmittel und die an der Weissagung beteiligten Personen. Auch können wir aus den Überlieferungen nachvollziehen, was den Kelten heilig war.

Wir haben das, was wir über die Weissagung der Druiden wissen, in ein Spiel gepackt – wobei die Betonung auf »Spiel« liegt. Denn wir wollen damit keine mystische, der christlichen Weltanschauung gegenläufige Stimmung erzeugen, sondern wir möchten an die Kelten erinnern, sie also etwas mehr aus dem »Dunkel« rücken, und Spaß damit haben. Dabei steht die Unterhaltung im Vordergrund, nicht aber die Weissagung selbst. Denn so wie wir gerne mal ein Horoskop lesen, so können wir in diesem Spiel auch eine keltisch begründete Zukunftsprognose zur Kenntnis nehmen. Nur zu ernst sollten wir das Ganze nicht nehmen, also keinesfalls unser Leben aufgrund des Inhalts der Weissagung ändern – das wäre die falsche Reaktion auf dieses Spiel. Aber wer lässt sich nicht gerne etwas Positives über die Zukunft vorhersagen?

Die Rätselhaftigkeit und Symbolik der Weissagung

Das Besondere dieses Spiels ist, dass die Spieler sehr viel selbst interpretieren müssen, denn die keltische Weissagung ist rätselhaft. Und wir haben der Weissagung nicht zwingend bestimmte Lebensbereiche zugeordnet

– die Weissagung kann also auf bestimmte Lebensbereiche bezogen werden, die einem derzeit dafür passend erscheinen. Ein weiterer wichtiger Aspekt des Spiels ist, dass man sich mit der Psyche seiner Mitspieler auseinander setzen muss, denn die Weissagungskarten werfen Fragen zu den Personen und deren Handeln auf.

Spielen und Wissen

Das keltische Weissagungsspiel ist für 2 bis 6 Spieler im Alter von 9 bis 99 konzipiert. Im ersten Teil des Spiels wird Ihr Wissen zu Geschichte, Gesellschaft und Lebensweise der Kelten geprüft. Hilfreich ist es daher, das zweite Kapitel »Keltisches Wissen« (☞ ab Seite 46) dieses Buches zu lesen. Dort erhalten Sie wichtige Informationen zu diesem weitgehend unbekannten Volk.

Wer aber gleich mit dem Spiel loslegen möchte, blättert auf Seite 10. Dort wird der genaue Spielablauf aufgezeigt, und die Regeln werden erläutert.

das

weisheits-

spiel

Das Spiel kann beginnen!
Im folgenden erfahren Sie alles über
den Spielplan, die Spielregeln und
die korrekte Durchführung des
Keltenspiels. Lassen Sie sich von der
Weissagung der Kelten faszinieren
und inspirieren!

ᗞer SPIELABLAUF

Das keltische Weisheitsspiel eignet sich für 2 bis 6 Spieler im Alter von 9 bis 99. Je nach Anzahl, Wissensstand und Diskussionsfreudigkeit der Teilnehmer dauert das Spiel zwischen einer und zwei Stunden.

SPIELAUSSTATTUNG

♦ 1 Spielbrett (Europa zur Keltenzeit mit Wanderungswegen und -zielen)
♦ 6 Spielsteine (Spielerhöchstzahl = 6)
♦ 6 Sätze Fragekarten »Keltenwissen«; jeweils 1 Satz pro Wissensbereich (29 Karten pro Wissensbereich). Die Antworten auf diese Fragen finden sich nach Wissensbereichen getrennt auf den Seiten 30 bis 45 des Buches.
♦ 1 Satz Weissagungskarten (46 Stück)
♦ 1 Begleitbuch

ABLAUF IN STICHWORTEN

Das Spiel ist in zwei Phasen unterteilt: die Wanderung und die Weissagung. Bei der Wanderung ist Keltenwissen gefragt, bei der Weissagung ist Menschenkenntnis nötig.

Die Wanderung

1. Der Spielplan wird ausgebreitet und die Karten verdeckt auf die für sie vorgesehenen Felder gelegt. Jeder Spieler wählt einen Spielstein aus.

2. Jeder Spieler stellt seinen Spielstein in der Mitte Europas auf, den Siedlungsgebieten der Kelten vor der Expansion (Oberlauf Donau, Oberrhein, Schweiz).

3. Die Spieler entscheiden sich, in welche Richtung sie gehen wollen. Der jüngste Spieler darf beginnen.

4. Jeder Spieler muss festlegen, ob er aus jedem Wissensgebiet eine Karte oder aus einem Wissensgebiet sechs Karten sammelt; – belegt ein Spieler ein Wissensgebiet exklusiv, indem er sechs Karten ausschließlich daraus sammelt, kann kein anderer dieses Wissensgebiet exklusiv noch einmal belegen.

5. Der jüngste Spieler beginnt mit der Wanderung. Er rückt auf die erste Station auf seinem Weg und nimmt dort eine Fragekarte:

♦ Hat er sich exklusiv für einen Wissensbereich entschieden, darf er natürlich nur eine Karte aus diesem nehmen.

♦ Sammelt er je eine Karte aus allen sechs Wissensgebieten, kann er in der ersten Runde eine beliebige Karte nehmen.

6. Beantwortet der Spieler die Frage richtig, darf er die Karte behalten und ein Feld vorrücken. Beantwortet er die Frage falsch, kann er sich für folgendes Vorgehen entscheiden:

♦ Er trägt als Barde ein Lied vor und darf dann die Karte behalten.

♦ Er legt die falsch beantwortete Karte zur Seite und nimmt nochmals eine Karte aus demselben Wissensgebiet. Wenn er diese richtig beantwortet, darf er sie behalten und seinen Spielstein um eine Position vorrücken. Beantwortet er auch diese Frage falsch, muss er die Karte zur Seite legen und als Barde ein Lied vortragen. Dann darf er vorrücken.

7. Die Runde wird im Uhrzeigersinn fortgesetzt.

8. Auf diese Art und Weise werden insgesamt sechs Runden gespielt, an deren Ende alle Spieler sechs Felder vorgerückt sind und auf dem letzten Feld vor dem Heiligtum stehen.

Die Weissagung

1. Die Weissagungskarten werden verdeckt auf den Tisch gelegt.

2. Jeder Spieler rückt auf das Heiligtum vor.

3. Der Spieler, der am wenigsten falsch beantwortete Karten zur Seite legen musste, erhält als Erster eine Weissagungskarte. Gibt es mehrere Spieler mit der gleichen Anzahl zur Seite gelegter Karten, entscheidet eine Stichfrage. Dazu wird eine Karte eines beliebigen Themenbereichs gezogen. Der Spieler, der sie als Erster richtig beantwortet, darf beginnen. Der Spieler legt zuvor fest, für welchen Bereich (Gesundheit, Seele, Partnerschaft, Schule und Beruf oder Geld) er die

Weissagung wünscht und nimmt sich eine Weissagungskarte aus dem Stoß; es muss sich dabei nicht um die oben liegende Karte handeln.

4. Der Spieler legt die Weissagungskarte zunächst verdeckt vor sich auf den Tisch, ohne sie selbst zu betrachten; es ist wichtig, den Weissagungsbereich im Gedächtnis zu behalten – zu diesem Zweck kann es hilfreich sein, sich diese Bereiche aller Mitspieler pro Karte zu notieren.

5. Der Spieler links davon (es geht im Uhrzeigersinn weiter) setzt die Runde in gleicher Weise fort.

6. In der zweiten Runde dürfen sich die Spieler eine zusätzliche Weissagungskarte nehmen, für die sie ebenfalls vorher einen Weissagungsbereich definieren.

7. Nach diesen beiden Runden werden die Weissagungskarten aufgedeckt.

8. Alle Mitspieler dürfen die Weissagungskarten der anderen einsehen.

9. Die Weissagungen werden besprochen. Bei der Deutung der Karten und ihrer Symbole erweisen sich die Erklärungen auf den Seiten 19 bis 29 als hilfreich.

♦ Enthalten beide Weissagungskarten teilweise oder im Gesamten die gleiche Weissagung, kann dies als sehr bedeutsam eingestuft werden.

♦ Widersprechen sich die Aussagen auf beiden Karten, sollten die Spieler die Widersprüchlichkeit interpretieren.

10. Das Spiel endet dann, wenn die Runde mehrheitlich der Meinung ist, dass alle Weissagungen umfassend und befriedigend besprochen wurden.

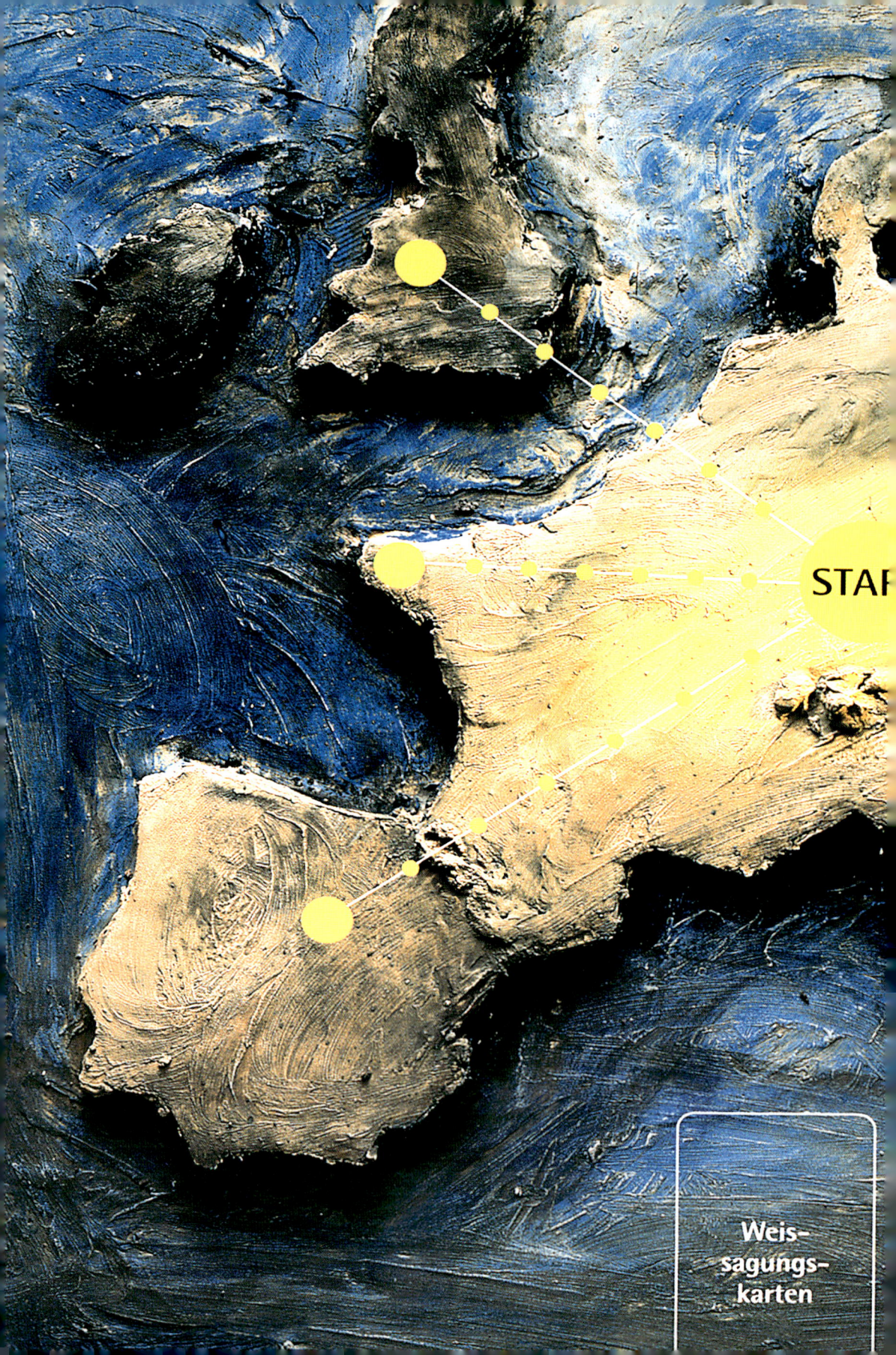

STAF

Weis-
sagungs-
karten

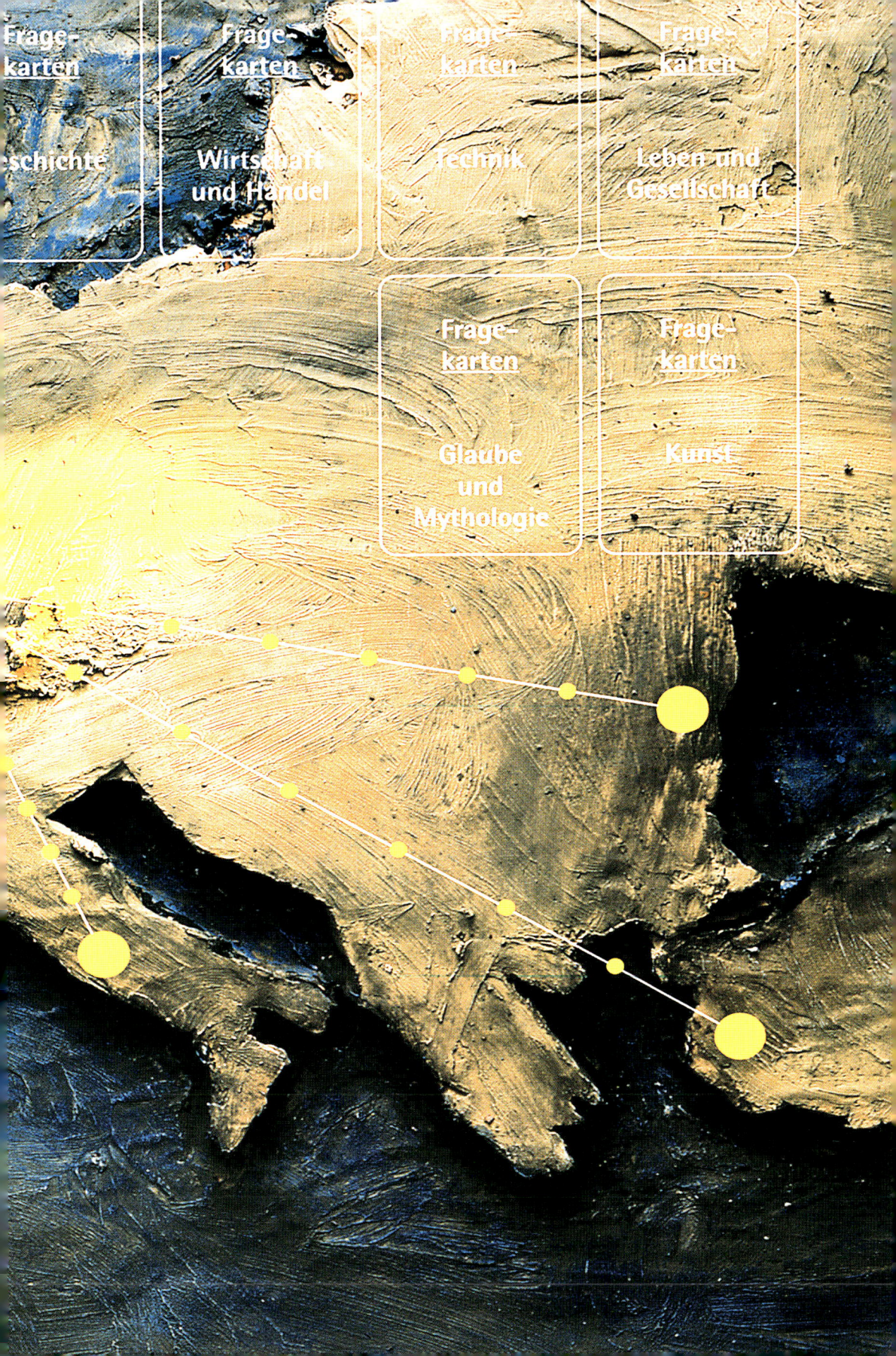

Frage-
karten

...schichte

Frage-
karten

Wirtschaft
und Handel

Frage-
karten

Technik

Frage-
karten

Leben und
Gesellschaft

Frage-
karten

Glaube
und
Mythologie

Frage-
karten

Kunst

Der keltische Spielhintergrund

Das Spiel baut auf tatsächlichen historischen, gesellschaftlichen und – soweit bekannt – mythologischen Tatsachen auf. Im Grundprinzip werden die Wanderung der Kelten und ihre Ansiedlung in weiten Teilen Europas nachvollzogen, wobei der Ankunftsort gleichzeitig der Ort der Weissagung durch den Druiden des Stammes ist.

DIE WANDERUNG

Das Spielbrett umfasst symbolisch das Gebiet der Kelten-Wanderung, wobei die Wanderung selbst in jeder Richtung sechs Stationen umfasst. Diese Stationen stehen für die Unstetigkeit der Wanderungsbewegung, denn kein Ziel wurde von den Kelten in einem einzigen Zug erreicht. Die Stationen symbolisieren zudem die Kommunikationsfreudigkeit der Kelten: Keine der Stationen wäre bei ihnen ohne ein zünftiges Gelage denkbar gewesen, im Verlauf dessen mit Wissen und mit den eigenen positiven Erlebnissen geprahlt worden wäre. Auf jeder der sechs Stationen muss bewiesen werden, dass man die Reife besitzt, ein solches Gelage gut hinter sich zu bringen. Dann erst kann man weiterziehen. Im Spiel wird diese Reife durch eine Wissensabfrage oder durch den musikalischen Vortrag eines Barden überprüft. Es wird sowohl Spezialistentum als auch Universalwissen anerkannt, indem man entweder sechs Antworten aus einem Fachgebiet oder jeweils eine richtig beantwortete Frage aus den sechs verschiedenen Fachgebieten vorweisen kann. Ist dies der Fall oder beweist sich der Spieler als Barde, so kann er zum Zielort vorrücken, wo er die Weissagung des Druiden erfährt.

DIE WEISSAGUNG

Die Weissagung erfolgt durch das in den Regeln festgelegte Aufnehmen von Karten. Dies ist fiktiv, denn die tatsächlichen Handlungen, die die keltischen Priester bei der Weissagung vornahmen, können wir nur symbolisch nachvollziehen. Die Weissagung durch die Druiden erfolgte mündlich, wobei Weissagungssymbole und Opfergaben eine Rolle spielten. Diese Symbolik und die Weissagungsverse sind auf den Karten zu finden.

Auch die Weissagung der Druiden war eher rätselhaft als dass sie konkrete Zukunftsszenarien beschrieb – man musste die Aussagen interpretieren, wobei die Symbolik, mit der die Weissagung verbunden wurde, eine große Rolle spielte. Andererseits ist es ein bekanntes psychologisches Phänomen, dass eine Prophezeiung, die ernst genommen wird, Realität in ihrem Sinne in der Zukunft erzeugt, weil die Weissagung das Handeln des betroffenen Menschen mehr oder weniger stark beeinflussen kann. Wie auch bei der Astrologie kann also in diesem Spiel allein die Vorhersage das Handeln in der Zukunft beeinflussen. Aber – wir haben es bereits anfangs erwähnt – zu ernst sollte man ein solches Spiel nicht nehmen. Dies gilt auch für das eigene Handeln in der nahen Zukunft: Weder sollte man eine positive Weissagung als Anlass nehmen, alles mit zu viel Ruhe auf sich zukommen zu lassen, noch sollte eine als negativ interpretierte Weissagung bei einem Spieler zu Pessimismus und Resignation führen.

Die Symbolik auf den Weissagungskarten wird auf den folgenden Seiten erklärt – wie gesagt, sollen diese den Weissagungsspruch interpretieren helfen. Die von uns verwendete Symbolik ist nach dem heutigen Stand der Keltenforschung tatsächlich bei den Kelten als bedeutsam oder sogar als heilig betrachtet worden.

ZUORDNUNG ZU DEN LEBENSBEREICHEN

Aus den Überlieferungen ist zu entnehmen, dass die Druiden in einer Weissagung nicht das ganze Spektrum der Lebenssituation vorhergesagt haben, sondern sich auf einen Bereich konzentrierten. Dies haben wir auch in der Spielanlage berücksichtigt, denn in den zwei Weissagungsrunden kann nur jeweils eine Karte gezogen werden, sodass im Prinzip auch nur zwei Bereiche besprochen werden. Natürlich ist es jedem Spieler unbenommen, Text und Symbolik einer Karte auf mehrere Lebensbereiche gleichzeitig anzuwenden, wenn die Interpretation der Weissagung dies nahe legt.

Gesundheit

Das Heilwissen der Druiden scheint einen für die damaligen Verhältnisse außergewöhnlich hohen Standard gehabt zu haben. Erkrankungen und Verletzungen wurden offenbar gut diagnostiziert und wirksam mit Heilpflanzen behandelt. Die Druiden waren als Ärzte hoch angesehen, wie man in den Überlieferungen nachlesen kann. Inwieweit die Technik der medizinischen Behandlung fortgeschritten war, kann nicht mehr nachvollzogen werden. Auf jeden Fall konnte der Druide bei einer Weissagung entweder den Gesundheitszustand des Betroffenen einbeziehen oder aber ausschließlich die Entwicklung der Gesundheit vorhersagen. Die Aussagen der Weissagungskarten können also durchaus auch auf die Gesundheit der Spieler Bezug nehmen.

den Kelten dürfte es angesichts der vielen Unruhen und Kriege sowie anderer Gefahren ein Anliegen gewesen sein, etwas über ihr seelisches Wohlbefinden zu erfahren. Allerdings war wohl das abstrakte Wissen von psychologischen Faktoren kaum vorhanden, sodass es eher darum gegangen sein dürfte, mit insgesamt positiven Weissagungen über das Schicksal des gesamten Stammes Sorgen und Ängste zu vermindern.

Partnerschaft

Auch wenn die Vorhersage über die Entwicklung oder Entstehung einer Liebesbeziehung heutzutage aus keinem Horoskop und keiner anders gearteten Prophezeiung wegzudenken ist, muss bezweifelt werden, dass Liebe und Partnerschaft bei der Weissagung der Druiden eine große Rolle gespielt haben. Man weiß zu wenig über das gesellschaftliche Leben der Kelten, zu wenig über das Verhältnis von Mann und Frau, um einschätzen zu können, ob sich Stammesangehörige Weissagungen zum Thema Liebe und Beziehung vom Druiden erwarten konnten. Liest man die irischen und römischen Überlieferungen, erscheint einem angesichts der außerordentlich gehobenen Stellung der Druiden dies eher unwahrscheinlich. Eines ist jedoch sicher – würde es die keltischen Druiden heute noch geben, könnten sie solchen Weissagungen wohl kaum aus dem Weg gehen. Der Spruch des Druiden und seine Symbolik kann also in unserem Spiel auch für den wichtigen Bereich der Liebe interpretiert werden.

Seele

Das Wohlbefinden der Seele ist eines der wichtigsten Anliegen des Menschen, denn ohne dies erscheint das Leben weniger lebenswert. Die Weissagung, wie es um die Seele in der Zukunft bestellt sein wird, sollte also in diesem Rahmen nicht fehlen. Auch

Schule und Beruf

Mit den Begriffen »Schule« und »Beruf« verbinden wir das weite Feld der »Karriere«. Besonderes Augenmerk muss dabei auf politisch sehr erfolgreiche Menschen gelegt werden, denn sie können einen Teil des Gemeinwohls durch ihr Handeln beeinflussen oder oftmals sogar weitgehend bestimmen.

Ebenso wie eine Weissagung im Bereich Schule, Beruf und Karriere heute von schwer wiegender Bedeutung sein kann, hatte sie auch bei den Kelten erhebliches Gewicht. Hat nämlich ein Druide einem König geweissagt – was in Anbetracht der gesellschaftlichen Stellung der Priesterklasse sehr häufig vorgekommen ist –, war mit Folgen für das persönliche Handeln des Königs zu rechnen. Nicht immer aber standen die persönlichen Entscheidungen des Königs im Einklang mit den Bedürfnissen des Volkes. Es war zu befürchten, dass das königliche Handeln negativen Einfluss auf das Schicksal des ganzen Stammes beziehungsweise des ganzen Volkes nahm.

Gerade im Bereich Schule und Beruf könnte eine Weissagung also unter Umständen Konsequenzen nach sich ziehen, die sich zwar für den Einzelnen positiv auswirken, gleichzeitig aber dem Gemeinwohl oder den Bedürfnissen einer Gruppe entgegenstehen. Hier ist also eine besonders sensible und auf den Einzelfall abgestimmte Interpretation der Weissagung notwendig.

Geld

Mit dem Begriff »Geld« bezeichnen wir den gesamten Bereich des wirtschaftlichen Erfolges. Ob es sich um eine gute Ernte, einen florierenden Handel oder um eine Anzahl von Aufträgen für einen Kunsthandwerker gehandelt haben mag – dies alles war für das Wohlergehen des gesamten Stammes von existenzieller Bedeutung. Damit konnte man wichtige Güter eintauschen oder – in späteren Jahrhunderten – gegen Geld verkaufen. Produktion und Handel waren natürlich auch für die Druiden ein wichtiges Thema, hing doch ihr Einfluss ebenfalls davon ab, wie wirtschaftlich erfolgreich ihr Stamm war. Weissagungen, die diesen Bereich abdeckten, waren also sicher an der Tagesordnung. Schon damals war der Besitz von Geld von lebenswichtiger Bedeutung. Die Weissagung über Finanzen, die zwar in der Regel mit den Bereichen »Schule« und »Beruf« eng zusammenhängt, aber auch manchmal davon losgelöst betrachtet werden kann, wird eine große Rolle spielen.

DIE DEUTUNG DER WEISSAGUNG

elche mythologische Bedeutung Lebewesen, Pflanzen und Gegenstände für die Kelten hatten, wissen wir zum einen von den römischen Berichterstattern und zum anderen aus den irischen Märchen und Sagen. Beide Quellen sind unzuverlässig: Die Römer schrieben das, was man in der Heimat lesen wollte, und die irischen Autoren lebten Jahrhunderte nach der keltischen Blütezeit. Zwar waren in Irland, Wales und einigen anderen Gegenden der britischen Inseln sicherlich mehr mündliche Überlieferungen lebendig als anderswo, trotzdem dürfte gerade die Schilderung des mystisch-religiösen Bereiches schon stark von den neuen Entwicklungen, insbesondere der Verbreitung des Christentums, eingefärbt worden sein.

WIE FÜHLTEN DIE KELTEN WIRKLICH?

Trotzdem dürfen wir uns in die Märchen und Sagen der irischen Kultur hineinversetzen und versuchen, den alten Kelten nachzufühlen: ihre Sorgen und Ängste, ihre religiösen Gefühle, ihre Freuden und ihr Stolz, ihr Verhältnis zur Natur und so weiter. Es ist dann kein weiter Weg zu dem Punkt, an dem wir den Märchen und Sagen das Märchen- und Sagenhafte nehmen und uns ein gutes Bild der tatsächlichen Zustände machen können. Sicherlich wird einiges im Dunkeln bleiben, oder wir werden aus heutiger Sicht nicht begreifen können, wie man damals so denken konnte. Erinnern wir uns aber immer wieder daran, dass der Großteil der keltischen Kultur vor mehr als 2000 Jahren unterging, dass die Menschen völlig andere Maßstäbe an ihr Leben anlegten als wir und dass sie nicht das Weltbild des Christentums kannten, das uns nicht nur die Denkweise der Kelten, sondern auch die der Menschen aller antiken Völker als weitgehend unverständlich erscheinen lässt.

Die Mythologie der Kelten lässt sich auch durch die Archäologie nur höchst unzureichend erforschen – wir werden uns also damit abfinden müssen, dass wir nie alle Fakten über die keltische Kultur erfahren werden. Das ist zwar bedauerlich, soll uns aber nicht davon abhalten, uns mit ihr zu beschäftigen. Dass fast nichts beweisbar ist, treibt zwar zuweilen merkwürdige Blüten in Veröffentlichungen über die Kelten, weil in einer solch wissensarmen Situation Autoren ihrer Fantasie freien Lauf lassen und frei erfundene »Tatsachen« ohne Widerspruch verbreiten können, aber sie lässt ja auch den persönlichen Träumen viel Platz.

Die Existenz der in diesem Spiel verwendeten keltischen Bestandteile kann letztendlich ebenfalls nicht bewiesen werden. Allerdings sind diese aufgrund der historischen und kulturellen Erkenntnisse, die man durch Ausgrabungen und durch übereinstimmende Überlieferungen gewinnen konnte, mit großer Wahrscheinlichkeit tatsächlich authentisch.

Dies gilt auch für die Symbole, die in unserem Spiel als heilig bezeichnet werden. Aber sicher waren nicht alle Symbole gleichzeitig in allen keltischen Siedlungsgebieten tatsächlich anzutreffen, denn dass der in Gallien lebende Kelte jemals einen Olivenbaum oder der in der Po-Ebene siedelnde jemals eine Tanne zu Gesicht bekommen hat, ist sehr unwahrscheinlich. Vielmehr war in den einzelnen Regionen jeweils nur eine Auswahl der hier vorgestellten heiligen Lebewesen und Pflanzen bekannt.

DIE BEDEUTUNG HEILIGER LEBEWESEN, PFLANZEN UND GEGENSTÄNDE

Adler

Der Adler steht als Symbol für die göttlichen Eigenschaften Kraft und Weisheit sowie für königliche Würde.

Der Adler war in der romano-keltischen Periode das Symbol für den Himmelsgott Jupiter. Der Adler galt nach der Vermischung der keltischen mit der römischen Religion als die Verbindung zwischen dem keltischen Sonnengott und dem römischen Himmelsgott, weil er mit seiner mächtigen Spannweite und der Fähigkeit, in großen Höhen zu fliegen, beide Gottheiten ideal verkörpern konnte.

Apfelbaum

Der heilige Apfelbaum galt als Symbol für Leben, Unsterblichkeit und Wissen.

Der Apfelbaum ist ein Baum des Druiden. Der Apfel wurde als Frucht der Unsterblichkeit angesehen, dessen Genuss Gesundheit und ewige Jugend verhieß. Er wird neben der Eichel und der Nuss ebenfalls als Frucht der Erkenntnis bezeichnet.

Bärlapp

Der Bärlapp, manchmal auch mit der Teufelsklaue gleichgesetzt, symbolisierte Kraft und Schutz.

Der an sich giftige Bärlapp, nur die Sporen sind ungiftig, wurde in kleiner Dosierung als stark wirksames Abführmittel angewendet. Auch bei Skorbut – einer Erkrankung, die in den nördlichen Gegenden in den Wintermonaten durchaus ein Thema war – konnte man den Bärlapp als Heilmittel einsetzen.

Basilikum

Basilikum galt als Symbol für ein friedliches Zusammenleben von Ehepartnern und ein glückliches Zuhause.

Die heilende Wirkung der Pflanze bei Blähungen und Magenbeschwerden kannte man schon bei den Kelten. Auch ihre regulierende Wirkung auf den Menstruationszyklus der Frau und die Beschleunigung der Ausstoßung der Plazenta nach der Geburt war ihnen bekannt.

Benediktenkraut

Das Benediktenkraut galt als Symbol für den Schutz vor Verhexungen und Beschwörung von Geistern.

In der Antike hatte das Benediktenkraut einen sehr guten Ruf als Heilmittel gegen vielerlei Beschwerden: Leberbeschwerden, Depressionen, Konzentrationsmangel und Migräne wurden mit dem Kraut behandelt, und Druiden setzten das Kraut bei rituellen Waschungen dem Wasser zu, um böse Geister zu verbannen.

Berg

Der Berg galt als Symbol der Macht.

Die Verehrung von Bergen war in der keltischen religiösen Welt weit verbreitet. Die überwältigende Erscheinung eines in den Himmel ragenden Berggipfels erweckte in den Menschen große Ehrfurcht. Denn dass sich aus dem flachen Land ein Berg hochwölben konnte, wurde auf das Wirken einer göttlichen Kraft zurückgeführt.

Brombeere

Die Beere galt als Zeichen für Wohlstand und Heilung.

Die Brombeere war be-
kannt für ihre heilende
Wirkung bei Problemen
mit den Harnwegen. So
konnten die damals
sicher nicht unbekann-

ten Beschwerden bei Nierensteinen und
Harngrieß durch die reinigende und ablei-
tende Wirkung der Brombeere zumindest ge-
lindert werden.

Drache

Der Drache stand als Symbol für Streitmacht
und Heldentum.

Drachen tauchen wiederholt in den irischen und walisischen Sagen und Märchen
auf, in denen die vergangene Welt der Kelten
bildhaft und einprägsam dargestellt wird. Im
Prinzip geht es immer darum, dass Drachen
gebändigt beziehungsweise getötet werden,
um Unheil abzuwenden. Dazu muss ent-

weder ein einzelner
Held oder eine ganze
Streitmacht gegen den
beziehungsweise die
gefährlichen Drachen
antreten.

Eber

Der Eber war für die Kelten das Kriegssymbol
schlechthin – er steht für Aggressivität und
Angriffslust.

Das männliche Wildschwein war auf
vielen Gegenständen abgebildet – wie beispielsweise auf Münzen, Schwertgriffen, Kes-

seln, Helmen, Kriegsposaunen. In seiner ungestümen Angriffslust befand sich der Eber zu
den keltischen Kriegern in einer beeindru-
ckenden Wesensverwandtschaft, weshalb er
zum einen ein kriegerisches Symbol und
zum anderen eine Jagdbeute war, mit der
man sich ernsthaft messen musste. Dass seine Symbolik auch mit Festen
und Feierlichkeiten zusam-
menhing, war auf den erle-
senen Geschmack seines
Fleisches zurückzuführen.

Eberesche

Die heilige Eberesche galt als Symbol der
Herrschaft über das rituelle Feuer.

Die Eberesche wurde von den Kelten als
heiliger Baum verehrt. Mit ihrem Holz wurden die Druidenfeuer gespeist, die bei den
magischen Handlungen der Druiden neben
den Elementen Wasser, Erde und Wind das
Element »Feuer« verkörperten.
Auch wurde Eberescheholz
verwendet, um die Feuer für
Opferrituale zu entfachen.

Efeu

Efeublätter versinnbildlichten Treue sowie
Glück und Liebe.

In den klassischen Kulturen wurden mit
dem Sud von Efeublättern Scheideninfektio-
nen, Läuse und Krätze wirksam bekämpft.
Außerdem halfen Breipackungen bei diver-
sen Hauterkrankungen, wie beispielsweise
Furunkeln und Abszessen.

Eibe

Die heilige Eibe war Symbol für Genesung von Krankheit sowie für die Vermittlung zwischen Diesseits und »Anderer Welt«.

Alle Bestandteile der Eibe, die bis über 1000 Jahre alt werden kann, sind giftig, was den Baum für die Heilung bestimmter Krankheiten, aber auch für die Herstellung von Giften für die Waffentechnik in den Blickpunkt rückte. Der maßvolle Genuss von Teilen des Baumes führt zu Halluzinationen, die man als Einblick in die »Andere Welt« definierte – so meinte man, mit Hilfe der Eibe zwischen realer und der Welt der Toten und der Götter »reisen« zu können. Hinzu kommt ein ritueller Aspekt: In fast allen Fällen, in denen in der irischen Überlieferung ein Druide einen Holzstab schnitzte, war dieser aus Eibenholz.

Eiche

Die heilige Eiche stand für Kraft und Schutz vor Unheil.

Die Eiche war der wichtigste heilige Baum der Kelten. Dieser knorrige und sehr widerstandsfähige Baum symbolisiert Kraft, Standhaftigkeit und Stärke und galt als die pflanzliche Stütze des menschlichen, göttlichen und heiligen Wissens. Die Misteln, die auf Eichen wuchsen, wurden ebenfalls als heilig betrachtet (➠ Seite 25).

Eule

Die Eule galt auch bei den Kelten in erster Linie als Symbol für Weisheit – ferner wurde ihr auch eine Beschützerfunktion nachgesagt.

Die Eule wurde in vielen antiken Kulturen verehrt, so auch in der keltischen. Sie galt im mystischen Bereich bis in unsere Zeit als Vorzeichen und Orakel, und als Hexen- oder Teufelsvogel diente sie dem Zauber und Gegenzauber.

Hahn

Der Hahn stand bei den Kelten als Symbol für Liebeslust, Fruchtbarkeit und Überfluss.

Der Hahn wurde von den Kelten als heiliges Tier verehrt und diente deshalb in weiten Teilen des keltischen Kulturkreises auch nicht als Nahrungsquelle. Er war der Verkünder des neuen Tages und galt in dieser Funktion auch als Glücksbringer für diesen Tag. Amulette und Fibeln waren häufig in Hahnengestalt gearbeitet und dienten den Kelten als Glücksbringer für Liebe und Fruchtbarkeit.

Harfe

Die Harfe wurde als Symbol der Unsterblichkeit der Seele verstanden, denn die Musik galt bei den Kelten als besonderes Kennzeichen der Welt der Elfen und der Insel der Seligen.

Die Harfenisten waren hoch angesehene Dichter, die den Rang von Druiden bekleideten. Ihre Musik dürfte neben der Unterhaltung auf Festen auch im mythologisch-religiösen Bereich eine große Rolle gespielt haben. Drei traditionelle Musikweisen mussten sie beherrschen, um anerkannt zu werden: »Refrain des Lächelns«, »Refrain der Traurigkeit« und »Refrain des Schlafs«.

Hase

Der Hase stand als Symbol für Wachstum und im Zusammenhang damit auch für Fruchtbarkeit.

Der Hase wurde von den Kelten als heiliges Tier verehrt und in weiten Teilen des keltischen Kulturkreises auch nicht verzehrt. Er galt als Tier des Mondes.

Haselnussbaum

Die Früchte des heiligen Haselnussbaumes galten als Symbol für Weisheit und Inspiration.

Die Zauberstäbe der Druiden waren in der Regel aus dem Holz von Haselnussbäumen angefertigt – überhaupt wurde bei allen Handlungen der Magie mit Holz Haselnussgehölz verwendet und speziell das Holz des Haselnussbaumes für Losentscheide eingesetzt. Auch wurden vor Weissagungen häufig Haselnüsse gegessen, weil sie als Quelle der Weisheit galten.

Hirsch

Der Hirsch galt als der König und Beschützer des heiligen Waldes und verkörpert damit Männlichkeit und Kampfeslust.

Der Hirsch gab mit dem Schutz des heiligen Waldes naturgemäß auch den Bäumen Schutz, die die kosmische Verbindung zwischen Himmel und Erde darstellen. Durch die Ähnlichkeit von Geweih und Zweigen und der damit verbundenen Assoziationen wurde der Hirsch bei den Kelten zum König des Waldes. Ein mächtiger Gott – Cernunnos, der Gehörnte – war wiederum der Herr der Hirsche.

Horn

Das Horn galt als Symbol für die Erneuerung der Lebensgeister.

Die Kelten tranken gerne aus Füllhörnern, die sie im Kreise herumreichten. Das Trinken aus Hörnern gab ihnen ihre Lebensgeister zurück, was wohl daran lag, dass man aus Hörnern gewaltige Mengen ohne abzusetzen trinken kann. Neben dieser praktisch anmutenden Funktion war das Horn aber auch Symbol für Stoß- und Kampfkraft sowie im übertragenen Sinn auch für Fortpflanzungsfähigkeit. Wurden Menschen oder Götter mit Hörnern dargestellt, so war dies meistens Ausdruck des Respekts vor deren überragender Kraft.

Huflattich

Der Huflattich galt bei den Kelten als Symbol für die Entfachung der Liebe und für den Beginn des Friedens.

Die Druiden strichen bei Verbrennungen und Insektenstichen einen Brei aus den Blättern und Blüten des Huflattichs direkt auf die betroffenen Hautbereiche. Weiter wurde bei Lungen- und Atemwegsbeschwerden ein Aufguss zur Linderung der Beschwerden verabreicht.

Hund

Der Hund galt als das Symbol der Heilkraft.

Auch bei den Kelten schrieb man den Hunden große Heilkraft zu, weil sie durch Lecken an den betroffenen Stellen Geschwülste und Geschwüre zum Abklingen brachten. Hunde wurden oft auch als Begleiter von Gottheiten dargestellt.

Kessel

Der gefüllte Kessel wies auf Überfluss und auch auf Gastfreundschaft hin. Die Kelten sahen darin zudem ein Symbol der Unerschöpflichkeit, begriffen ihn aber auch als Zeichen der Wiederbelebung, wenn der Kessel mit dem richtigen Inhalt gefüllt wurde.

Der Kessel ist der wichtigste der vier Glücksbringer, die der Gott Dagda an den Tuatha Dé Danann verschenkt hatte. Denn er galt nicht nur als Symbol des Wohlstandes beziehungsweise des Überflusses, sondern er war auch als ein Zeichen der Herrschaft zu verstehen. Zudem konnte der Kessel mit einer Substanz gefüllt sein, die Tote wieder zum Leben erweckte.

Keule

Die Keule des Dagda, des vermutlich höchsten Gottes der Kelten, war ein Symbol der absoluten Macht.

Die Keule tötete im Diesseits, während sie mit ihrem Griff vermochte, Tote in der »Anderen Welt« wieder zu Leben zu erwecken.

Klee

Das vier- und fünfblättrige Kleeblatt galt auch bei den Kelten bereits als Symbol für materielles Glück.

Die als Tee verabreichte oder zu einer Tinktur verarbeitete Pflanze

wurde bei Lungenentzündung und anderen fiebrigen Erkrankungen angewendet.

Knotige Braunwurz

Das Kraut stand für Gesundheit, Frieden und Freude.

Die Knotige Braunwurz wurde von den Kelten als Amulett und als schützender Schmuck für Häuser und Anwesen eingesetzt, nachdem man sie im Rauch der Feuer, die zu Ehren des Gottes Belenos zur Sonnenwende entzündet wurden, angeräuchert hatte.

Kuh

Die Kuh symbolisierte weibliche Stärke und Fruchtbarkeit.

Die Viehzucht spielte bei den Kelten eine bedeutende Rolle, wobei Rinder in der Überzahl waren. Die Kühe dienten zusätzlich als Milchlieferanten und waren als Muttertiere ein wichtiger Bestandteil der Rinderzucht. Diese beiden Funktionen setzen weibliche Stärke und Fruchtbarkeit voraus, die in der Symbolik auf Menschen übertragen wurde.

Mädesüß

Die Heilpflanze galt als Symbol für erfüllte Liebe und harmonische Partnerschaft.

Für die Druiden war Mädesüß eine der wichtigsten heiligen Kräuter. Die auf den Wiesen wachsende Pflanze wurde von den Druiden als schweißtreibendes Mittel gegen Fieber eingesetzt. Auch Schwermütigkeit und depressive Stimmungen sollen durch einen Tee aus Wein und Mädesüß vertrieben worden sein.

Mistel und Eiche

Fand man auf einer Eiche eine Mistel, so verhieß sie Heilung von Krankheiten und Schutz vor gesundheitlichen Problemen sowie fruchtbares und blühendes Leben.

 Der römische Historiker Plinius der Ältere bezeugt im Rahmen eines alten Thronerhebungsrituals, dass den Druiden eine Mistel, die auf einer Eiche wuchs, als sehr heilig gegolten hat. »Man findet aber die Mistel in Gallien sehr selten; und hat man sie gefunden, so wird sie mit großer Ehrfurcht abgenommen, vor allem am sechsten Tag des Mondes … ein Tag, an dem der Mond schon genügend Kräfte hat und noch nicht halb voll ist. Sie nennen die Mistel mit einem Wort ihrer Sprache ›die alles Heilende‹. Nachdem man gemäß dem Brauch unter dem Baum ein Opfer und ein Festmahl bereitet hat, führen sie zwei weiße Stiere herbei, deren Hörner dann zum ersten Mal bekränzt werden. Ein Priester, bekleidet mit seinem weißen Gewand, steigt auf den Baum und schneidet die Mistel mit einer goldenen Sichel ab. Sie wird in einem weißen Umhang aufgefangen.

Dann schlachten sie die Opfertiere. Dabei beten sie, der Gott möge sein Geschenk für die, denen er es gegeben hat, segnen. Sie glauben, dass jedem unfruchtbaren Lebewesen durch einen Trunk davon Fruchtbarkeit verliehen werde, und halten es für ein Heilmittel gegen alle Gifte.«

Pferd

Das Pferd war symbolhaft für Schönheit, Schnelligkeit und Bewegung.

Die Kelten waren exzellente Pferdezüchter und Reiter, was sich auch in der Mythologie niederschlagen musste. Weil die Pferde so wertvoll waren, wurden sie häufig als Opfertiere verwendet. Die Pferde der Kelten waren merklich größer als die Pferde in der Bronzezeit – auch dies ein Beweis für die sorgfältige Zucht und Pflege. Die Künste der fast ausschließlich aus Adligen bestehenden keltischen Reiterei auf dem Schlachtfeld beeindruckten sogar die römischen Feinde.

Rainfarn

Der Rainfarn verhieß Langlebigkeit und, in die Mythologie der »Anderen Welt« übertragen, zudem Unsterblichkeit.

Der Rainfarn trägt auch den Namen Wurmkraut, weil sein Anwendungsgebiet vor allem die Austreibung von Würmern aus dem Kör-

per ist. Mit diesem Problem hatten alle Völker zu tun, die naturnah lebten, so auch ein großer Teil der Kelten. In der Fastenzeit verabreichten die Druiden einen Aufguss aus den Blättern und Blüten des Rainfarns.

Salbei

Der Salbei stand als Symbol für erfüllte Wünsche und materiellen Wohlstand.

Bei den Kelten wurden die Blätter des Salbei als Heilmittel gegen starke Schweißabsonderung und allgemein als Mittel gegen zu viel Flüssigkeit im Körper eingesetzt. So wurde bei den Kelten beispielsweise Milchstau – wenn sich zu viel Muttermilch in der Brust sammelt – durch die Gabe von Salbei behandelt.

Schlange

Die Schlange galt als Symbol der Wiedergeburt und als Bewacherin von Geheimnissen.

Die Fähigkeit, die alte Haut abstreifen zu können, wenn darunter eine neue Haut gewachsen ist, hat der Schlange zu großem Symbolgehalt verholfen. Im weitesten Sinne wird damit die Wiedergeburt verkörpert, im engeren Sinne aber auch der Wille zur Erneuerung des Lebens. In den Märchen und Sagen der irischen Kelten wurde häufig eine große, gefährliche Schlange als Wächterin von wichtigen Stätten eingesetzt.

Schwan

Schwäne symbolisierten in der keltischen Mythologie göttliche Reinheit und Anmut.

Der Schwan galt als symbolisches Fabeltier, als welches die Götter und die Boten der »Anderen Welt« auf Erden erschienen. Durch die Reinheit, die ihr weißes Federkleid symbolisiert, und ihre Anmut stellen die Schwäne standesgemäße und edle Verkörperungen für Götter dar.

Stier

Der Stier mit den drei Hörnern galt als Symbol für Kraft und Kampfeswut.

In Gallien wie auch in anderen keltischen Gebieten galt der Stier als besonders heilig. Der Stier mit den drei Hörnern wurde oft auf Kunst- und Kultgegenständen abgebildet und häufig als Talisman verwendet. Auch in diesem Fall ist die »Dreizahl« von besonderer religiöser Bedeutung.

Tanne

Die Tanne, die zu den Fichten gehört, galt als Symbol der Weisheit und Würde.

In den riesigen Wäldern, die sich von den Alpen bis an das nördliche Ende des keltischen Siedlungsgebietes erstreckten, dürften Tannen in großer Anzahl vorgekommen sein. Die dunkle, düstere Atmosphäre eines weitläufigen Tannenwaldes, die aber gleichzeitig majestätisch wirkt, hat die Tanne zu einem geheimnisvollen Baum auch in der Mythologie werden lassen. Der gerade und hohe Baum, der häufig auch allein steht, strahlt Weisheit und Würde aus.

Wacholder

Der Wacholder galt als Zeichen für Reinigung und Schutz, für eine starke sexuelle Libido und für Übersinnlichkeit.

Die Druiden verwendeten Wacholderbeeren, um Beschwerden des Magen-Darm-Traktes zu heilen. Dabei half ihnen die harntreibende Wirkung der Wacholderbeere.

Wasserminze

Die Minze galt als Symbol für Reichtum und Glück.

Für die Druiden war die Wasserminze eine der wichtigsten heiligen Kräuter. Ein Aufguss aus den oberirdischen Teilen der Pflanze wurde gegen zu starke Menstruationsblutungen, aber auch gegen Durchfall eingesetzt.

DIE BEDEUTUNG DER ELEMENTE

Wasser

Das Wasser der Quellen galt als Symbol für ein Geschenk der unsichtbaren Mächte des Erdinnern.

Die Druiden sahen im Wasser die Kraft der Reinigung, was sowohl physisch als auch psychisch verstanden wurde. Sie machten sich die Kraft und die geheimnisvollen Energien des Wassers mit bestimmten Ritualen dienstbar.

Feuer

Das Feuer galt als Symbol für die Transformation der kosmischen Energien.

Nach dem Weltbild der Druiden bestimmen Feuer und Wasser das Ende der Welt. Das Feuer wurde als die Transformation der

Energie der anderen drei Elemente Erde, Luft und Wasser betrachtet. Auch bei den Kulthandlungen der Kelten hat das Feuer den Überlieferungen nach eine große Rolle gespielt.

Wind

Der Wind war Symbol für die Macht der Druiden über die Elemente.

Mit dem »druidischen Wind« war es den Geistlichen möglich, die Bedingungen einer Seefahrt zu verändern. So konnten sie damit beispielsweise die Landung von Streitkräften an Küsten verhindern oder bestimmte Landschaften mit Wolken verhüllen. In den Sagen wird erzählt, dass die Druiden die Fähigkeit hatten, Menschen in Stein zu verwandeln, indem sie sie anhauchten.

Nebel

Der Nebel galt als Symbol der Unbeweglichkeit und Orientierungslosigkeit.

Nach der keltischen Religionsauffassung kamen die Wesen der »Anderen Welt« im Schutze des Nebels auf diese Welt und »deckten« auch ihre Rückkehr wieder damit. Damit lag es nahe, dass die Druiden den »druidischen Nebel« durch das Verbrennen bestimmter feuchter Hölzer bei kultischen Handlungen einsetzten, um eine geheimnisvolle Atmosphäre zu schaffen.

SYMBOLHAFTE FESTE

Imbolc

Das Fest des Frühlings wurde als Symbol für die psychische Reinigung angesehen.

Das Fest wurde am 1. Februar vermutlich zu Ehren der Göttin Brigit gefeiert. Das Feuer und das Wasser als reinigende Elemente spielten bei diesem Fest eine bedeutende Rolle. Allgemein wurde an diesem Tag das Ende des Winters gefeiert.

Beltaine

Das Fest der Priester symbolisierte Wärme und Licht.

Man feierte es am 1. Mai und verstand darunter den Anbruch von Licht und Leben sowie den Eintritt in das helle Reich des Tages. Es kennzeichnete den Sommeranfang. Der Name Beltaine bedeutet »Feuer des Bel«, sodass es wohl ein Fest des Feuers und des Lichts war, wobei der Beginn der keimenden Vegetation eine sakrale Bedeutung des Wiedererwachens erhielt.

Lugnasad

Das Fest des Königs galt als Symbol für die Freude über die Fruchtbarkeit.

Der Feiertag für den Licht-, Kriegs- und Handwerksgott Lug wurde am 1. August begangen. Das Fest markierte im Kalender den Beginn der Erntezeit, und es wurden verschiedene Spiele und Festmähler unter Aufsicht des Königs veranstaltet. An Lugnasad soll die königliche Kraft am stärksten gewesen sein, was für die harte Arbeit in der bevorstehenden Erntezeit eine gute Voraussetzungen darstellte.

Samain

Das Fest der Krieger und des Alls galt als Symbol der Unsterblichkeit.

Das größte keltische Fest wurde am 1. November gefeiert. In der Samain-Nacht können sich Lebende und Tote begegnen, indem die andere Welt zugänglich wird und die beiden Welten einander durchdringen. An Samain wurde sehr viel Schweinefleisch gegessen und noch mehr getrunken, denn das Fleisch des Schweins verleiht Unsterblichkeit, und die Trunkenheit durch den Wein macht ekstatisch.

LÖSUNGEN FÜR DIE FRAGEKARTEN

Im Folgenden sind die Fragen, die Sie auf den Fragekärtchen finden, und die dazugehörigen Antworten aufgelistet.

GESCHICHTE

Geschichte 1
Wo siedelte der keltische Stamm der »Allobrogen«?
c) in der heutigen Schweiz

Geschichte 2
Sind die »Allobrogen«
a) ein keltischer Stamm

Geschichte 3
Wo ist »Altburg«, der heutige Name einer befestigten keltischen Höhensiedlung, zu finden?
b) im Hunsrück bei Bundenbach

Geschichte 4
Wo ist die »Houbirg«, eine befestigte Höhensiedlung der Kelten, zu finden?
a) in Mittelfranken bei Hersbruck

Geschichte 5
Wo siedelte der keltische Stamm der »Ambarrer«?
a) an der Saône

Geschichte 6
Der gallische Keltenfürst »Ambiorix« aus dem Stamm der Eburonen führte einen Aufstand gegen die Römer. In welchem Jahr fand dieser Aufstand statt?
c) 54 v. Chr.

Geschichte 7
Wer war »Ambiorix«?
b) ein gallischer Keltenfürst aus dem Stamm der Eburonen

Geschichte 8
Wann war das »keltische Jahrtausend«?
b) 1000 bis 1 v. Chr.

Geschichte 9
In welcher Epoche hatte die keltische Kultur die größte Ausdehnung in Europa?
c) Latènezeit (480 bis 15 v. Chr.)

Geschichte 10
Wie hießen die germanischen Stämme, die die Kelten am Ende des 2. Jahrhunderts v. Chr. militärisch am heftigsten bedrängten?
b) Kimbern, Teutonen und Ambronen

Geschichte 11
Wo liegt der Ort Hallstatt, nach dem die Hallstattzeit (750 bis 480 v. Chr.) benannt wurde?
b) im Salzkammergut

Geschichte 12
Nach dem Abzug der Römer setzte eine umfassende Germanisierung der Kelten ein. Welcher germanische Stamm besetzte letztendlich den Raum nördlich der Alpen im 3. Jahrhundert n. Chr.?
b) die Alemannen

Geschichte 13
Die keltische Kultur in der Hallstattzeit erlebte offenbar ein abruptes Ende. Welche Ursache gilt in der Forschung als die wahrscheinlichste?
a) soziale Spannungen

Geschichte 14
Eine reiche Fundstätte am nördlichen Ufer des Neuenburger Sees gab der Latènekultur ihren Namen. In welchem Land liegt dieser See?
c) in der Schweiz

Geschichte 15
Die Kelten gründeten die Stadt »Mediolanum«. Unter welchem Namen ist diese Stadt heute bekannt?
b) Mailand

Geschichte 16
In welchem Jahr und wo mussten die Römer eine katastrophale Niederlage gegen die Kelten hinnehmen?
a) 387 v. Chr. am Fluss Allia

Geschichte 17
Die Kelten bedrohten im 3. Jahrhundert v. Chr. mit 30 000 Kriegern ein berühmtes Heiligtum.
Wie hieß es?
a) das griechische Delphi

Geschichte 18
Die Kelten gründeten in Anatolien die Stadt Ankara. Wie hieß der dort ansässige keltische Stamm?
b) die Galater

Geschichte 19
Welcher römische Feldherr wurde wenige Jahre nach der Eroberung Galliens Diktator und Imperator?
c) Caesar

Geschichte 20
Die Kelten wurden zum Ende ihrer Epoche militärisch von zwei Seiten bedroht, wovon die eine die römischen Streitkräfte bildeten. Wer waren die anderen Feinde?
b) die Germanen

Geschichte 21
Welches keltische Gebiet wurde nie von einem Römer betreten?
b) Irland

Geschichte 22
Die Kelten gründeten die Stadt Ariminum. Unter welchem Namen ist diese Stadt heute bekannt?
c) Rimini

Geschichte 23
Von wem stammt das geflügelte Wort »Wehe dem Besiegten (vae victis)«?
b) vom Keltenfürsten Brennus nach der Einnahme Roms

Geschichte 24
Wie hieß der keltische Stamm, der sich nach der Wanderung in Kärnten auf dem Magdalensberg niederließ?
a) Norici

Geschichte 25
Wie kam es, dass keltische Stämme mitten in Kleinasien – fortan Galatien benannt – siedelten?
a) Das Land wurde ihnen nach einer Niederlage zugeteilt.

Geschichte 26
Wann wurde den Kelten der Gallia Cisalpina in der Po-Ebene das römische Bürgerrecht verliehen?
b) 49 v. Chr.

Geschichte 27
Octavian vollendete das Werk seines Vorgängers Caesar, indem er die restlichen keltischen Stämme auf dem Kontinent unterwarf. Beim Kampf gegen welchen Stamm der Kelten wurde er verwundet?
a) die Japoden in Dalmatien

Geschichte 28
In welchem Teil der Britischen Inseln konnte sich das Keltische bis lange nach der Zeitenwende erhalten?
b) Irland

Geschichte 29
Welcher römische Kaiser verzichtete formell auf die römische Provinz der Britischen Inseln und in welchem Jahr?
c) Honorius, im Jahr 410 n. Chr.

WIRTSCHAFT UND HANDEL

Wirtschaft und Handel 1
Welche selbst produzierten Waren konnten die keltischen Stämme in den Tauschhandel der Spätbronzezeit vor allem einbringen?
b) Felle und Textilien

Wirtschaft und Handel 2
Wo verlief in der Spätbronzezeit die so genannte Bernsteinstraße?
a) von der Ostsee zur Ägäis

Wirtschaft und Handel 3
Die Kelten bezogen von den Griechen große Mengen an Wein. Auf welcher Handelsroute gelangte der Wein am sichersten nach Mitteleuropa?
a) von Massalia (Marseille) über die Rhone

Wirtschaft und Handel 4
In welchen Behältnissen wurde der Wein zur Keltenzeit vom Mittelmeer nach Mitteleuropa geliefert?
b) in Steinamphoren

Wirtschaft und Handel 5
Wer lieferte den Kelten das »Trinkzubehör« für die Weingelage?
b) die Etrusker

Wirtschaft und Handel 6
Welche Ansiedlung war das Zentrum des keltischen Salzhandels?
b) Hallstatt

Wirtschaft und Handel 7
Welche für die Kelten neue Handelsinstitution brachten die Römer mit?
c) die freien Händler

Wirtschaft und Handel 8
Zu den großen keltischen Städten, den Oppida, zählt auch das an der Donau gelegene Manching. Wie viele Menschen lebten dort in der Blütezeit?
c) etwa 10 000

Wirtschaft und Handel 9
Zu den großen keltischen Städten, den Oppida, zählt auch das an der Donau gelegene Manching. Wie groß war die Ansiedlungsfläche?
c) 375 ha

Wirtschaft und Handel 10
Zu den großen keltischen Städten, den Oppida, zählt auch das an der Donau gelegene Manching. Wie lang war die Befestigungsmauer?
b) 7 km

Wirtschaft und Handel 11

Wie war der Handel mit Bernstein organisiert?

c) Die Kelten kauften bei Zwischenhändlern.

Wirtschaft und Handel 12

Wo wurden die keltischen Münzen nach der
Prägung in der Regel gelagert?

b) in einem geeigneten Versteck in der freien
Landschaft

Wirtschaft und Handel 13

Die Kelten importierten ein beliebtes Getränk aus dem Mittelmeerraum, welches?

b) Wein

Wirtschaft und Handel 14

Die Viehzucht war ein bedeutender Wirt-
schaftszweig der Kelten. Welche Tiere wurden vorrangig gezüchtet?

a) Schweine und Rinder

Wirtschaft und Handel 15

Die eigentliche Stärke der keltischen Produktion lag in der

c) Metallindustrie

Wirtschaft und Handel 16

Die Gewinnung von Salz war ein wichtiger
Faktor der keltischen Wirtschaft. In welchem
Gebiet lag das Zentrum des Salzbergbaus?

b) in Österreich

Wirtschaft und Handel 17

Wo wurde das für die Bronzeverarbeitung
wichtige Zinn hauptsächlich abgebaut?

c) in Cornwall

Wirtschaft und Handel 18

Welche Fernhandelsroute nahm das in Cornwall abgebaute Zinn nach Süden?

b) über die Seine und Rhone nach Massalia
(Marseille)

Wirtschaft und Handel 19

Von wem bezogen die Kelten zur Hallstattzeit Schnabelkannen für den Wein?

a) von den Etruskern

Wirtschaft und Handel 20

Ab wann gingen die Kelten vom Tauschhandel zum Geldverkehr über?

b) Sie handelten etwa ab Anfang des 4. Jahrhunderts v. Chr. mit Geld.

Wirtschaft und Handel 21

Nicht zuletzt, um den Handel abwickeln zu
können, verwendeten die Kelten eine Schrift.
Wozu wurde diese außerdem eingesetzt?

c) für technische und praktische Zwecke

Wirtschaft und Handel 22

Was war bei den Kelten das wichtigste Brot-
getreide?

b) Dinkel

Wirtschaft und Handel 23

Welche Haustiere kamen aus dem Mittelmeerraum zu den Kelten?

a) Hühner

Wirtschaft und Handel 24

Welches Haustier gab es bei den Kelten vor
der Römerzeit noch nicht?

b) Katze

Wirtschaft und Handel 29
In Manching fand man eine Vielzahl von Münzen aus unedlen Legierungen. Wozu dienten sie?
b) als stadtinterne Kleingeldwährung

TECHNIK

Technik 1
Was gilt als die technische Glanzleistung der Kelten?
b) die Vervollkommnung des Rades

Technik 2
Auf welchem Gebiet der Architektur setzten die Kelten Maßstäbe?
b) im Bau von Befestigungsanlagen

Wirtschaft und Handel 25
Was baute man neben Getreide noch in bedeutenden Mengen bei den Kelten an?
c) Hülsenfrüchte

Wirtschaft und Handel 26
Welche Tauschwährung spielte innerhalb des keltischen Gebiets eine große Rolle?
b) Salz

Wirtschaft und Handel 27
Was gibt Aufschluss darüber, welche Art von Viehzucht die Kelten betrieben?
a) die Siedlungsabfälle, die man bei Ausgrabungen findet

Wirtschaft und Handel 28
Warum waren die keltischen Zuchtrinder und -schweine deutlich kleiner als die Wildformen?
b) Sie konnten im Winter nicht ausreichend mit Futter versorgt werden.

Technik 3
Wie viel Holz (nach wissenschaftlichen Schätzungen) wurde in einer aus Holz und Steinen errichteten Befestigungsanlage eines Oppidum verbaut?
b) 24 000 Kubikmeter

Technik 4
Auf welcher Insel wurde schon im 8. Jahrhundert v. Chr. von den Griechen Eisenerz abgebaut?
b) Elba

Technik 5
Bei der Befestigungsanlage vom Typ »murus Gallicus«, die auch in Manching die Stadt schützte, wurden große Eisennägel verwendet, um das Holzwerk zusammenzuhalten.

Wie viele Tonnen an Nägeln waren dafür notwendig?
c) 300 Tonnen

Technik 6
Wie brach man im Bergbau die harten Gesteinsschichten auf, um Kupfer abbauen zu können?
b) mit schneller Erhitzung und Abkühlung

Technik 7
Was war die besondere Leistung der Kelten bei der Vervollkommnung des Rades, die 2000 Jahre nicht verbessert wurde?
c) die Erfindung der leichten Holzfelge mit Eisenreifen

Technik 8
Welche Besonderheit wies der schwere keltische Pflug auf?
a) Man konnte die Erde aufbrechen und zugleich wenden.

Technik 9
Was war zur Zeit der Kelten die älteste Pflugart?
a) der Haken-Ard

Technik 10
Holz wurde in allen Bereichen der Technik verwendet. Welcher Baum war damals am häufigsten anzutreffen?
c) Buche

Technik 11
Mit welchem Werkzeug wurden die Schafe in der Eisenzeit geschoren?
b) mit federnden Bügelscheren

Technik 12
Was bezeichnete man als Fibeln?
a) Gewandspangen

Technik 13
Die Heuneburg wurde im 6. Jahrhundert v. Chr. mit einer Mauer aus luftgetrockneten Ziegeln befestigt.
Was geschah mit ihr?
b) Sie sackte nach einer längeren feuchten Wetterperiode in sich zusammen.

Technik 14
Wo findet man bei Ausgrabungen von keltischen Ansiedlungen ganze Wagen?
c) in Gräbern

Technik 15
Zu welchem Zweck wurden leichte zweirädrige Wagen konstruiert?
a) als Kampfwagen

Technik 16
Was ist unter Dolmen zu verstehen?
b) Gräber aus mehreren senkrecht aufgestell-
ten Steinen, die mit Decksteinen und Erde
abgedeckt wurden.

Technik 17
Welches Material wurde bei den Kelten gegossen?
c) Bronze

Technik 18
Welches Naturmaterial kam bei den Kelten
beim Haus- und Festungsbau sowie beim
Bau von Schiffen und Booten vor allem zum
Einsatz?
b) Holz

Technik 19
Die Kelten achteten sehr auf die Körperpfle-
ge und erfanden neben verschiedenen Toilet-
tenartikeln die »Seife«. Aus welchen Rohstoffen wurde die »Seife« hergestellt?
a) aus Talg und Asche

Technik 20
Eine neue Technik der Töpferei führte während der Latènezeit zu einer Massenproduk-
tion von Keramikwaren. Welches Hilfsmittel
wurde dafür benutzt?
c) die schnell drehende Töpferscheibe

Technik 21
Welches Material fand bei der Herstellung
von Schmuck neben Bernstein und Glas
noch Verwendung?
b) Korallen

Technik 22
Aus welchem Material wurden bei den Kelten die Bauernhäuser gebaut?
b) Holz und Flechtwerk

Technik 23
Welches Metall genoss bei den Kelten bis
zum Aufkommen der Münzen kaum Wert-
schätzung?
a) Silber

Technik 24
Wodurch wurde bei der Textilherstellung mit
gleichem und gleichfarbigem Garn ein Muster erzeugt?
b) indem in zwei Drehrichtung gesponnen
wurde

Technik 25
Was versteht man unter einem Zangentor?
c) ein Tor in der Befestigungsanlage, das am
Ende einer Gasse zwischen den Mauern lag

Technik 26
Nach welchen Naturphänomenen berechneten die Kelten die Zeit?
a) nach Mondumläufen

Technik 27
Wie wurde in der Zeitrechnung die Differenz zwischen Mond- und Sonnenumläufen korrigiert?
c) mit zwei 30-tägigen Schaltmonaten nach zwei Mondjahren

Technik 28
Welche Bedeutung hatte Zinn für die Kelten?
b) Es wurde für die Herstellung von Bronze gebraucht.

Technik 29
Aus welchen Materialien stellten die Kelten Nähnadeln her?
a) aus Hartholz und Knochen, später auch aus Eisen

LEBEN UND GESELLSCHAFT

Leben und Gesellschaft 1
Welche keltischen Personen wurden von den Römern als »ambactus« bezeichnet?
c) die Dienst- oder Gefolgsmänner

Leben und Gesellschaft 2
Auf welche Zeit kann der Beginn einer »keltischen« Gesellschaft definiert werden?
b) 8. Jahrhundert v. Chr.

Leben und Gesellschaft 3
Welchen Rang nahmen in der gesellschaftlichen Dreiteilung der Kelten die Druiden ein?
a) den ersten Rang

Leben und Gesellschaft 4
Welchen Rang nahmen in der gesellschaftlichen Dreiteilung der Kelten die Adligen und Krieger ein?
b) den zweiten Rang

Leben und Gesellschaft 5
Welchen Rang nahmen in der gesellschaftlichen Dreiteilung der Kelten die Handwerker und Viehbesitzer ein?
c) den dritten Rang

Leben und Gesellschaft 6
Welche Aufgaben kamen den Kriegern in Friedenszeiten zu?
b) Erhaltung der innenpolitischen Ordnung (Schutz der Adligen)

Leben und Gesellschaft 7
Wie wurde die Hierarchie der Krieger bestimmt?
a) durch den Grad der Tapferkeit im Kampf

Leben und Gesellschaft 8
Wer waren die Initiatoren der ersten Wanderungswelle?
b) Nachkommen von Fürsten ohne Zukunftsperspektive

Leben und Gesellschaft 9
In welche Richtung konnten die Kelten von ihrer Heimat aus nicht wandern, weil ihnen der Weg durch ein anderes Volk versperrt war?
b) nach Nordosten

Leben und Gesellschaft 10
Welche Eigenart in der Ausrüstung erschreckte die Feinde der Kelten besonders?
c) die Kriegstrompeten (Carynx)

Leben und Gesellschaft 11
Welche psychische Eigenart der Kelten entsetzte die Feinde der Kelten besonders?
a) die Aggressivität

Leben und Gesellschaft 12
Mit welchen Mitteln konnten die Römer schließlich die Oberhand über die Kelten gewinnen?
a) mit strategischer Kampfführung

Leben und Gesellschaft 13
Mit welchem Mittel wurden häufig kriegerische Auseinandersetzungen zwischen keltischen Stämmen beigelegt?
b) durch Zweikämpfe

Leben und Gesellschaft 14
Welches Fleisch wurde bei den Kelten am häufigsten gegessen?
c) Schweinefleisch

Leben und Gesellschaft 15
Wodurch haben die Kelten in Friedenszeiten ihr Temperament und ihre Unrast befriedigt?
b) durch ausufernde Gelage

Leben und Gesellschaft 16
Welcher Aspekt bei den Gelagen war für die Kelten der wichtigste?
a) Sie dienten der Darstellung der gesellschaftlichen Stellung.

Leben und Gesellschaft 17
Die Römer lagen beim Essen und Trinken auf Fellen beziehungsweise Kissen auf dem Boden. Wie verfuhren in dieser Hinsicht die Kelten bei ihren Gelagen?
b) Sie saßen an im Kreis angeordneten Tischen.

Leben und Gesellschaft 18
Aus welchen Behältnissen wurde getrunken?
c) aus Trinkhörnern vom Auerochsen

Leben und Gesellschaft 19
Der Kessel war mit das wichtigste Haushaltsutensil der Kelten. Wie hoch ist der größte Kessel, den man je ausgegraben hat?
c) 184 cm mit Deckel

Leben und Gesellschaft 20
Welche Personengruppe wurde bei den Kelten als Hörige bezeichnet?
b) unter dem Schutz von Adligen stehende Personen

Leben und Gesellschaft 21
Wie waren die Kelten politisch organisiert?
b) als eine Vielzahl von souveränen Stämmen

Leben und Gesellschaft 22
Wie grenzten sich die keltischen Stämme gegeneinander ab?
c) durch natürliche Grenzen

Leben und Gesellschaft 23
Wie war das Verhältnis der keltischen Stämme untereinander?
a) Man lebte in dauernder Rivalität.

Leben und Gesellschaft 24
Wie versuchten die Kelten, das Gebiet und die Macht des eigenen Stammes zu stärken?
a) Sie führten gegen den (keltischen) Nachbarstamm Krieg, um ihn zu unterwerfen.

Leben und Gesellschaft 25
Ab wann kann man in Mitteleuropa eine Abkehr von der rein dörflichen Besiedelung hin zur Bildung von zentralen Ansiedlungen beobachten?
a) ab etwa 600 v. Chr.

Leben und Gesellschaft 26
Wo bauten die Kelten vorzugsweise ihre großen Ansiedlungen?
b) auf Höhenzügen

Leben und Gesellschaft 27
Welche Kleidung trugen die Kelten im Allgemeinen?
a) Hose, Tunika und Mantel

Leben und Gesellschaft 28
Was versteht man unter »bretonischer Sprache«?
a) Bretonisch ist die keltische Sprache in der Bretagne.

Leben und Gesellschaft 29
Welche Bestattungsart gab der Urnenfelderkultur ihren Namen?
b) Man legte Friedhöfe an und bestattete dort die Asche der Toten in Urnen.

GLAUBE UND MYTHOLOGIE

Glaube und Mythologie 1
Wen bezeichneten die Kelten mit dem Namen »Albiorix«?
a) einen ihrer Götter

Glaube und Mythologie 2
Wofür steht die Bezeichnung »Albu«?
b) für die Insel Britannien

Glaube und Mythologie 3

Der Gott »Amarcolitanus« bedeutete bei den Kelten »dessen Blick weit ist«. Welchen römischen Gott setzten die Römer in der Überlieferung mit ihm gleich?
a) Apollo

Glaube und Mythologie 4

Was wird heute in Bezug auf die Kelten als »Andere Welt« bezeichnet?
a) das Reich der Götter und der Toten

Glaube und Mythologie 5

Was versteht man unter der »Interpretatio Romana«?
b) die sinngemäße Übertragung keltischer Elemente der Religion auf die römische

Glaube und Mythologie 6

Auch in der keltischen Religion spielen Göttinnen eine Rolle. Welche Göttin könnte die bekannteste gewesen sein?
a) Morrígain

Glaube und Mythologie 7

Wer war der mächtigste Gott der Kelten?
c) Dagda

Glaube und Mythologie 8

Wie wurde das Jenseits der keltischen Religion bezeichnet?
a) Andere Welt

Glaube und Mythologie 9

Wie konnte man in der Vorstellungswelt der Kelten in das Jenseits, in die »Andere Welt«, lebend eintreten?

a) Man musste als Held außerordentliche Gefahren bewältigen.

Glaube und Mythologie 10

Warum legten die Kelten Verstorbenen wertvolle Gegenstände ins Grab?
b) Weil sie der Verstorbene in der »Anderen Welt« gut gebrauchen konnte.

Glaube und Mythologie 11

Was wurde als »nemeton« bezeichnet?
a) eine Kultstätte

Glaube und Mythologie 12

Wie wurden die unbebauten heiligen Orte genannt?
b) Schanzen

Glaube und Mythologie 13

Was bezeichnet man als Votive?
a) Weihegaben

Glaube und Mythologie 14
Warum wurden in den Heiligtümern geopferte funktionsfähige Gegenstände unbrauchbar gemacht?
c) weil man sie so vor Diebstahl schützen wollte

Glaube und Mythologie 15
Wie heißt der Druide des fiktiven Gallierdorfs im Comic »Asterix«?
b) Miraculix

Glaube und Mythologie 16
Welche Farbe hatte das Festgewand der Druiden?
b) weiß

Glaube und Mythologie 17
Wie lange mussten die Druiden durchschnittlich lernen, bis sie alle Überlieferungen auswendig konnten?
a) 20 Jahre

Glaube und Mythologie 18
Vermutlich verhinderten die Druiden die Entwicklung einer keltischen Schriftsprache. Warum war ihnen dies wohl so wichtig?
b) weil die exklusiv mündliche Wissensüberlieferung ihre Machtposition schützte

Glaube und Mythologie 19
Welcher römische Kaiser verbot als Erster die Druiden?
b) Tiberius

Glaube und Mythologie 20
Die Druiden übten auch das Amt des Richters aus. Welche Strafe, die sie aussprechen konnten, war die höchste?
a) der Ausschluss von der Teilnahme an religiösen Kulten

Glaube und Mythologie 21
Welcher Klasse in der Gesellschaft der Kelten gehörten die Barden an?
a) der Priesterklasse

Glaube und Mythologie 22
Was war die Aufgabe der Barden?
a) Sie sangen Lob und Tadel gegenüber den Untertanen des Königs.

Glaube und Mythologie 23
Was war die Aufgabe der Vaten?
b) Sie waren Spezialisten der Weissagung.

Glaube und Mythologie 24
Wer war der bekannte Missionar, der die Christianisierung in Irland vorantrieb?
b) der heilige Patrick

Glaube und Mythologie 25

Der heilige St. Gallus der irisch-keltischen christlichen Kirche zog als Missionar auf den Kontinent. In welchem Land wurde an seiner Grabstätte im Jahre 720 n. Chr. ein berühmtes Kloster errichtet?
a) Schweiz

Glaube und Mythologie 26

Wer gründete das berühmte Kloster in Iona, das zu einem Schwerpunkt der irisch-keltischen christlichen Kirche wurde?
c) St. Columba

Glaube und Mythologie 27

Für welche Symbolik steht das Feuer in der keltischen Religion?
b) für Transformation

Glaube und Mythologie 28

Was versteht man unter »Heilige Hochzeit« bei den Kelten?
c) die Vereinigung zwischen dem König und einer Göttin

Glaube und Mythologie 29

Die Druiden brauten einen Trank, der Gesundheit und Fruchtbarkeit verhieß. Welche Pflanzen wurden dafür verwendet?
c) Misteln, die auf Eichen wuchsen

KUNST

Kunst 1

Für welchen Kundenkreis arbeiteten die keltischen Kunsthandwerker in der Hallstattzeit vornehmlich?
c) für die keltischen Fürstenhöfe

Kunst 2

Ab wann entwickelte sich die keltische Kunst eigenständig?
b) vom Beginn der Latènezeit an (etwa ab 480 v. Chr.)

Kunst 3

Was war das typische an der keltischen Kunst?
b) Abstraktion, Vieldeutigkeit und Rätselhaftigkeit

Kunst 4

Welche Handwerkergruppe dürfte bei den Kelten in der Latènezeit die bedeutendste gewesen sein?
a) Kunsthandwerker

Kunst 5

Was waren in der Latènezeit die beliebtesten Exportgüter der Kelten?
b) Schmuck

Kunst 6

Neben Bronze und Eisen wurde auch Edelmetall bei der Schmuckherstellung verwendet. Welches wurde am häufigsten eingesetzt?
c) Gold

Kunst 7
Wie heißt der typisch keltische gedrehte Halsring, der vor allem von Kriegern getragen wurde?
a) Torques

Kunst 8
Welche Funktion hatte ein Amulett?
b) Es sollte Gefahren und Unglück abwehren.

Kunst 9
Welche Funktion hatte ein Talisman?
a) Er sollte Glück bringen.

Kunst 10
Welche Probleme bereiten den Archäologen heute Amulette bei den Ausgrabungen?
b) Sie sind von Schmuckstücken häufig nicht zu unterscheiden.

Kunst 11
Woher bezogen die Kelten in der Latènezeit den Bernstein, der für die Schmuckherstellung gern verwendet wurde?
b) von den Küsten Westjütlands und Ostpreußens

Kunst 12
Auch das Eisenschmiedehandwerk war bei den Kelten hoch entwickelt. Wann setzte sich Eisen als Material für Kunstgegenstände durch?
b) etwa 750 v. Chr.

Kunst 13
Gold war auch bei den Kelten teuer, weil es nur geringe Vorkommen gab. Wo waren in Europa die Hauptabbaugebiete?
a) im Alpenraum, in Südgallien und auf der Iberischen Halbinsel

Kunst 14
Die Gewandspangen (Fibeln), die die Kleidung zusammenhielten, waren Alltagskunstgegenstände, die in großer Vielfalt hergestellt wurden. Welchen praktischen Gegenständen der Gegenwart ähnelten sie in Funktion und Aussehen?
c) den Sicherheitsnadeln

Kunst 15
Die keltischen Münzen hatten teilweise großen künstlerischen Wert. Ab wann produzierten die Kelten Münzen mit eigenen Motiven?
a) zu Beginn des 3. Jahrhunderts v. Chr.

Kunst 16
Wo traf man auf den bedeutendsten Fund keltischer Steinmetzkunst?
b) in Hirschlanden

Kunst 17
Warum trifft man bei Ausgrabungen auf relativ wenige Zeugnisse keltischer Steinmetzkunst?
b) Die Bearbeitung von Stein war mit den damaligen Werkzeugen sehr mühevoll.

Kunst 18

Was könnte der einleuchtendste Grund sein, dass man bei Ausgrabungen auf relativ wenige Holzkunstwerke stößt?
a) Das Holz zerfiel oder wurde ein Opfer der Flammen.

Kunst 19

Vom welchem Volk sind aus der keltischen Zeit die meisten schriftlichen Überlieferungen erhalten geblieben?
a) von den Römern

Kunst 20

Welche Darstellungsform schufen die keltischen Künstler am seltensten?
c) naturalistische Abbildungen der menschlichen Gestalt

Kunst 21

Die keltische Kunst stand in enger Beziehung zur Religion. Welches heilige Tier wurde besonders häufig abgebildet?
a) Eber

Kunst 22

Von welchen Kulturen wurde die keltische Kunst zuerst inspiriert?
b) von der griechischen und etruskischen Kultur

Kunst 23

Welches künstlerische Ausdrucksmittel fehlt weitgehend in der keltischen Kultur, obwohl es im Mittelmeerraum selbstverständlich war?
c) die monumentale Steinarchitektur

Kunst 24

Mit welchem Ereignis endete auf dem Festland die eigenständige keltische Kunst?
a) mit dem endgültigen Sieg der Römer in Gallien

Kunst 25

Welcher Bronzefund gilt als Meisterwerk des keltischen Kunsthandwerks?
b) die Totenliege aus dem Grab von Hochdorf

Kunst 26

Was versteht man unter dem Finn-Zyklus?
a) Prosaerzählungen und Balladen, die zu Beginn des 3. Jahrhunderts n. Chr. spielen

Kunst 27

Wie wurden die keltischen Sagen zunächst überliefert?
b) mündlich durch Volksmund und Geistliche

Kunst 28

Welche Sage keltischen Ursprungs ist die berühmteste?
c) die Sage um den Helden Arthur

Kunst 29

Im 8. Jahrhundert n. Chr. begann man, die keltischen Sagen erstmals niederzuschreiben. Wer waren die Verfasser?
c) Mönche in irischen Klöstern

keltisches
wissen

das keltische weisheitsspiel verlangt von
seinen spielern eine menge kenntnisse
über die kelten. damit sie den fragenteil
mit bravur bestehen, erhalten sie auf den
folgenden seiten einen überblick über
geschichte, lebensweise, glaubenswelt und
technischen und sozialen stand dieses
umstrittenen volkes.

geschichte

Die Frage, in welcher Epoche man erstmalig von Kelten sprechen kann, wird von den Historikern leidenschaftlich diskutiert. Ansätze, bereits in der Urnenfelder-Bronzezeit (1200–800 v. Chr.) oder sogar schon in der Hügelgräber-Bronzezeit (1500–1200 v. Chr.) Kelten als solche in Mitteleuropa identifizieren zu können, sind nicht zu beweisen und gelten als unseriös. Denn Wanderungen der Indogermanen zu Beginn der Urnenfelderzeit lassen es nicht zu, die tatsächlichen ethnischen Ursprünge sicher festzulegen. Durch die fehlenden schriftlichen Aufzeichnungen – die Kelten hatten keine Schreibschrift – ist zudem nicht bekannt, wann sich Menschen erstmals Kelten genannt haben.

das »keltische jahrtausend«

Mit dem Begriff »Keltisches Jahrtausend« prägten die Historiker die Epoche von etwa 1000 v. Chr. bis zur Zeitenwende. Einen Zeitraum also, in dem die Kelten für Europa eine bedeutende Rolle spielten. Mitunter reichten die von keltischen Stämmen besiedelten Gebiete bis an die Grenzen der griechischen und römischen Gebiete heran, was zu zahlreichen kriegerischen Auseinandersetzungen mit den Römern führte. Die Geschichtsschreibung stützt sich im Fall der Kelten ausschließlich auf die inzwischen allerdings sehr umfang- und aufschlussreichen Ausgrabungen sowie auf die Überlieferungen der Feinde. Allerdings liegt die erste Hälfte dieses Jahrtausends, also die vorrömische Zeit, noch immer weitgehend im Dunkeln, denn weil die Kelten keine Schrift kannten, wurden keinerlei schriftliche Zeugnisse gefunden.

Dagegen wurden (und werden noch immer) bei den Ausgrabungen sehr viele Gegenstände aus Eisen freigelegt. Sie beweisen, dass die Kelten in Europa Träger der Eisenzeit waren, die auf den Beginn des letzten Jahrtausends v. Chr. datiert wird, also just auf den Beginn des »Keltischen Jahrtausends«. So »ragt« aus dem Dunkel der ersten Hälfte dieses Jahrtausends eine erstaunliche Vielfalt von aus Eisen gefertigten Gegenständen hervor, die zwischen 800 und 500 v. Chr., in der so genannten Hallstatt-Periode, hergestellt wurden. Dazu kam noch ein reger Handel mit Salz, das in der Hallstätter Gegend im Salzkammergut abgebaut wurde. Beides sind Zeugnisse dafür, dass die Geschichte der Kelten einen wesentlich positiveren Verlauf hätte nehmen können, wenn es diesem Volk gelungen wäre, sich etwas mehr der Disziplin und Ordnung zu unterwerfen. So reichte es zu einem für die damaligen Verhältnisse beachtlichen Wohlstand, den man jedoch nicht absicherte, weil weder ein die Stämme überspannendes gemeinsames Staatsgebilde konstruiert noch die Handelswege militärisch abgesichert wurden.

DIE GESCHICHTSSCHREI-BUNG DER FEINDE

Die Forschung ist also auf archäologische Funde angewiesen sowie auf schriftliche Zeugnisse, die in den letzten Jahrhunderten v. Chr. von den Feinden der Kelten – vor allem den Griechen und Römern – verfasst wurden. Dass die schriftlichen Überlieferungen der Römer über die Kelten nicht immer schmeichelhaft waren und es grundsätzlich an Objektivität fehlen ließen, liegt angesichts

der Wildheit und Aggressivität, mit der die Kelten über die Römer herfielen und Rom an den Rand des endgültigen Untergangs brachten, auf der Hand. Als das Römische Reich später die Expansion nach Norden betrieb, wurden die Schilderungen über die Kelten besonders dramatisch eingefärbt, um die Legitimation für einen Vernichtungsfeldzug gegen die keltischen Stämme zu schaffen und das Volk für den Feldzug zu gewinnen.

Die Griechen dagegen wussten einfach zu wenig über die Welt im Norden, um objektives Wissen über die Kelten zu dokumentieren. Für sie waren die Gebiete nördlich der Alpen vermutlich nur aus wenigen Erzählungen von einer sehr geringen Anzahl von Reisenden und Händlern eher anekdotisch bekannt, sodass die Donau (Istros) nach dem Weltbild von Hekataios um 500 v. Chr. ihren Verlauf südlich der Alpen (Ripäisches Gebirge) nahm. Es hatte zu dieser Zeit wohl auch niemand Grund genug, von der Mündung der Donau im Schwarzen Meer, die die Griechen richtig dem Istros zuordneten, stromaufwärts nach Mitteleuropa zu fahren und so den Irrtum aufzuklären. Andererseits war den Griechen die Existenz des Rheins (Eridanos) nördlich der Alpen bekannt. Aus Erzählungen von Händlern ihrer Provinz Massalia (Marseille) wussten die Griechen, dass rhoneaufwärts im Gebiet der heutigen Schweiz keltische Stämme siedelten und gern griechische Waren kauften.

Erst in den letzten Jahrhunderten v. Chr. wurden die Kenntnisse der Griechen über die Kelten und deren Gebiete detaillierter, weil angesichts der Expansion keltischer Stämme auch in Richtung Südosteuropa die Kontakte mit diesen Stämmen intensiver wurden. So zeigt die Weltkarte von Eratosthenes um 250 v. Chr. schon eine wesentlich genauere Ausprägung, was die Gebiete nördlich der Alpen betrifft. Allein die Zeichnung der Küsten im Norden hatte auch bei Eratosthenes noch eine eher zufällige Gestalt. Das liegt vermutlich daran, dass von den keltischen Stämmen im Süden darüber wohl auch nichts Konkretes zu erfahren war, weil es sich um Gebiete der Germanen handelte, in die kein Kelte – und schon gar keiner aus dem Süden – jemals ungefährdet einen Fuß setzen konnte. Dagegen war die Gestalt Europas an der atlantischen Küste bis hinauf nach Irland schon gut bekannt, denn es existierte bereits ein lebhafter Schiffshandel entlang dieser Küsten. Aber die Wege der Überlieferung waren für damalige Verhältnisse extrem weit, sodass die Griechen kaum Detailwissen über die Kelten dokumentieren konnten.

DIE ZEITEN VOR DEN WANDERUNGEN

Der Zeit der keltischen Wanderungen, die auch als Latènekultur bezeichnet wird, sind zwei große archäologische Kulturabschnitte vorangegangen: die Hallstattkultur und die Urnenfelderkultur der späten Bronzezeit.

Beide Kulturabschnitte kann man nicht allein den Kelten zurechnen. Die Entwicklungen dieser Zeit aber könnten die Voraussetzungen dafür gewesen sein, dass die Kelten in den folgenden Jahrhunderten eine eigenständige Kultur begründen und für einige Jahrhunderte etablieren konnten.

Die Urnenfelderkultur (etwa 1200–750 v. Chr.)

Die Urnenfelderkultur wurde neben den Kelten vermutlich auch von Iberern, Illyrern, Italikern und Ligurern getragen. Von keinem dieser Völker jedoch wissen wir genau, welche Gebiete es besiedelte und welchen Beitrag es zur Kultur leistete. Um hier genauer differenzieren zu können, bedürfte es einer Vielzahl von schriftlichen Quellen, denn allein aus dem Fund von Gegenständen können keine eindeutigen Zuordnungen, die die Zusammenhänge aufzeigen würden, getroffen werden. Allerdings waren wohl alle diese Völker nicht in größeren Gebieten organisiert, vielmehr bildeten die Stämme die größten Siedlungseinheiten. Sicher ist, dass sich in der Urnenfelderkultur neue Entwicklungen durchsetzten, die später bei den Kelten deutlich hervortraten: Beispielsweise begrub man die Toten nicht mehr irgendwo, sondern man legte Friedhöfe an, auf denen die Asche der verstorbenen Stammesangehörigen in Urnen beigesetzt wurde – diese neue Art der Bestattung gab der Epoche auch ihren Namen. Außerdem sind erstmals politische Standesunterschiede zwischen den Stammesangehörigen zu bemerken: Es bildete sich offensichtlich eine Häuptlings- und eine Kriegerschicht heraus. Zudem nahm das Siedlungsverhalten neue Formen an, indem befestigte, große Höhensiedlungen als mächtige Zentren fungierten, die von einer bäuerlichen Struktur umgeben waren. Alle diese Beispiele zeigen, dass die keltische Kultur zwar offenkundig auf der Urnenfelderkultur aufbaute, das Wirken der Kelten in ihr jedoch nicht eindeutig zu beweisen ist.

Die Hallstattkultur
(etwa 750–480 v. Chr.)

Die Hallstattkultur trägt ihren Namen nach einer Siedlung im Salzkammergut am Hallstätter See. Dort wurde vom 8. bis 6. Jahrhundert v. Chr. ein Salzbergwerk betrieben, das der großen Siedlung in unmittelbarer Nähe durch den Salzhandel zu außerordentlichem Wohlstand verhalf. Handelsstraßen zogen sich von dort aus durch ganz Europa und unterstrichen die wirtschaftliche Macht dieser Siedlung.

Auch in der Hallstattkultur waren sehr viele eigenständige und unterschiedliche regionale Gruppen zu beobachten, was sich auch in den vielfältigen kulturellen Ausprägungen zeigte. Allerdings lassen sie sich aufgrund der archäologischen Funde zu zwei Kreisen zusammenfassen: Ein östlicher Teil umfasst die heutigen Gebiete Sloweniens, Österreichs, Böhmens, Mährens und Bayerns, ein westlicher die heutigen Gebiete Südwestdeutschlands, des Schweizer Mittellands und Ostfrankreichs. Auch in der Hallstattzeit lassen sich keltische Spuren noch nicht von denen anderer Völker unterscheiden – trotzdem neigt man zu der Ansicht, dass es sich in diesen beiden Kulturkreisen ab dem 7. und 6. Jahrhundert v. Chr. um (früh-)keltische Siedlungen handelte.

Bemerkenswert ist die Tatsache, dass die großen Höhensiedlungen aus der Urnenfelderkultur offensichtlich nicht mehr vorhanden waren, an deren Stelle jedoch kleinere burgähnliche Siedlungen traten, von denen aus der Fernhandel und die umliegende Region kontrolliert wurde. In diesen militärisch offenbar sehr schlagkräftigen Siedlungen konnte sich eine neue politische Führungsschicht bilden, die die entsprechende Region in jeder Hinsicht beherrschte. Dass es auf jeden Fall zu deutlichen gesellschaftlichen Unterschieden in der Gesellschaft gekommen war, zeigen Gräber dieser Zeit, in denen wertvolle Beigaben gefunden wurden, die nur einem besonders wohlhabenden Mann gehört haben konnten.

Auch finden sich in solchen Gräbern zuweilen Teile von Zaumzeug, die zum einen ebenfalls auf die besondere Bedeutung des Toten hinweisen und zum anderen überhaupt die Existenz von Pferdezucht belegen. Pferde dürften in der Urnenfelderkultur noch keine Rolle gespielt haben – sie sind jedoch ein weiterer Hinweis darauf, dass im 8. Jahrhundert v. Chr. tief greifende Wandlungen im Gesellschaftsgefüge der Bevölkerung stattgefunden haben müssen. Denn der Besitz von Pferden dürfte – abgesehen vom Prestige, das ein hoch zu Ross sitzender Mensch wohl genießen konnte – die Beherrschung einer Region stark vereinfacht haben.

Erster Handel

Ein nicht zu unterschätzendes Manko dieser Zeit war das Fehlen von Geld. Ohne Geld kann der Handel nur über Tauschgeschäfte erfolgen. Zudem dürfte das Fehlen einer Schrift den Fernhandel behindert haben. So ist es kaum vorstellbar, auch wenn man es nicht beweisen kann, dass sich Zwischenhandelsstationen, also reiche Handelsstätten, bilden konnten, denn diese hätten nur funktionieren können, wenn eine nicht verderbliche Ware (zum Beispiel Gold in Form von Münzen) Geldfunktion gehabt hätte. Trotzdem kommt es gegen Ende der Hallstattkultur zu großen und mächtigen, offenbar überregional tätigen Siedlungszentren. Dies beweisen Ausgrabungen zum Beispiel auf der Ehrenbürg bei Forchheim in Oberfranken, wo man Gegenstände fand, die eindeutig aus Ländern des Mittelmeerraumes stammten. Zudem hatte die Siedlung auf der Ehrenbürg mit 36 Hektar Fläche und mit ihren gewaltigen Schutzmauern eine für damalige Verhältnisse riesige Ausdehnung,

was auf ein wichtiges wirtschaftliches und politisches Zentrum hinweist. Umgeben waren solch große Ansiedlungen von einer Reihe kleiner befestigter Siedlungen, die vorzüglich für die Kontrolle von Tälern und ihren Handelswegen geeignet waren. Nahezu alle diese Siedlungsplätze wurden in späteren Jahrhunderten von den Kelten wieder genutzt. Dazwischen liegt jedoch ein bis heute kaum erklärlicher Niedergang der Hallstattkultur. Ob kriegerische Auseinandersetzung mit Fremden oder innenpolitische Spannungen in der frühkeltischen Kultur, möglicherweise als Folge einer zunehmenden Überbevölkerung und/oder im Zuge einer »sozialen Revolution« gegen die aristokratische Schicht dafür verantwortlich waren, liegt im historischen Dunkel begraben. Auch eine massive Klimaverschlechterung wird als Ursache diskutiert. Dass es zu dramatischen Geschehnissen gekommen sein muss, beweisen wiederum Ausgrabungen auf der Ehrenbürg: Dort wurden Gräber entdeckt, in de-

nen um etwa 400 v. Chr. zwei Notbestattungen durchgeführt worden waren, und es wurden mehrere Anzeichen von Kannibalismus festgestellt. Es ist anzunehmen, dass ehemals bedeutende Siedlungen in der Zeit eines allumfassenden Niedergangs völlig entvölkert wurden.

VOM ATLANTIK BIS ZUM SCHWARZEN MEER

Am Nordufer des Neuenburger Sees in der Schweiz wurden im 19. Jahrhundert nach dem starken Absinken des Wasserspiegels Balkenstrukturen sichtbar, die dort aus dem Schlamm ragten. Bei den rasch eingeleiteten archäologischen Untersuchungen kam eine große Anzahl von Metallobjekten aus der Eisenzeit zum Vorschein, die lange Zeit übereinstimmend darauf schließen ließ, dass man es hier mit einem Votivlager zu tun hat, das als Opfergabe für die Götter im See versenkt wurde. Erst jüngere Forschungen ergaben, dass es sich wahrscheinlich um eine Wohn- und Industriesiedlung unmittelbar am See gehandelt haben muss, die im Verlauf einer Naturkatastrophe vollständig überflutet wurde. Der Ort, an dem dies alles geschah, trägt den Namen La Tène, und er gab der keltischen Kultur in der Zeit von 480 bis 15 v. Chr. im Nachhinein ihren Namen. Mit der Bezeichnung Latène verbindet sich der Aufstieg der Kelten und ihr fast vollständiger Untergang gleichermaßen. Denn in dieser Zeit war die größte Ausdehnung der keltischen Kultur über Europa zu verzeichnen,

aber auch ihr Verschwinden im kontinentalen Europa, das vor allem durch die Römer, aber auch durch die germanischen Stämme verursacht wurde.

Die ersten Wanderungen

Nach dem vollständigen Untergang der Hallstattkultur bricht über die Welt nördlich der Alpen das historische Dunkel herein. Es lichtet sich erst, als eine große Anzahl keltischer Krieger in Norditalien auftaucht und die etruskischen Städte erobert. Die Stämme der Boier, Semonen und Insubrer siedeln sich daraufhin in der Po-Ebene an und gründen dort die Stadt Mediolanum, das heutige Mailand. Wie es zu dieser Wanderung keltischer Stämme über die Alpen kam, kann nur vermutet werden. Der heute gültige Erklärungsansatz lautet, dass es sich um eine »Flucht« vor dem Niedergang der Hallstattkultur handelte – welche Ursachen auch immer dieser offensichtlich katastrophale Zusammenbruch hatte. Keinesfalls geschah diese Einwanderung nach Norditalien plötzlich, in Form eines wohl organisierten Angriffszuges über die Alpen. Eher sickerten die Kelten im Laufe von Jahrzehnten in die Alpen ein, wo die dort ansässigen Stämme zunehmend keltisiert wurden. Erst von der Südseite der Alpen aus dürfte es zu einem zielgerichteten Kriegszug der Kelten gegen die etruskischen Städte gekommen sein. In der Folge dieser Ansiedlung unternahmen die Kelten immer wieder militärische Ausfälle nach Süden und vernichteten auf einem dieser Kriegszüge das römische Heer im attischen Jahr 387/386 v. Chr.

am Fluss Allia. Daraufhin eroberten und plünderten sie unter ihrem Heerführer Brennos die Stadt Rom selbst und belagerten das Kapitol. Rom wäre wahrscheinlich vollständig vernichtet worden, wenn die keltischen Krieger nach sieben Monaten Belagerung noch etwas mehr Geduld gezeigt hätten. Genau dies aber war kein ausgeprägter Charakterzug der impulsiven, aggressiven und mit wenig Disziplin ausgestatteten Kelten, die es vorzogen, mit ihrer Beute weiterzuziehen und zwar gedemütigte, aber doch unverhofft aufatmende Römer zurückzulassen. Es lag nicht im Denken der Kelten, die durch Seuchen geschwächten Besatzungstruppen aufzufrischen und die Belagerung bis zum endgültigen Sieg aufrechtzuerhalten. Die Geschichtsforschung ist sich darüber einig, dass der folgende Aufstieg der Römer zur militärischen Großmacht vor allem durch die Jahrhunderte andauernde Gefahr aus dem Norden begünstigt wurde.

Es war nicht überall so, dass die Kelten erst nach kriegerischen Auseinandersetzungen fremdes Land besiedeln konnten. In vielen Fällen betrachtete die Bevölkerung die fortgeschrittene Lebensart der Kelten als willkommene Bereicherung und nahm die Fremden gerne auf. So wurden große Gebiete auch kampflos keltisiert.

Landgewinn und Landverlust

Die keltischen Wanderungen können in zwei Phasen unterteilt werden: die bereits beschriebene Wanderung im 4. Jahrhundert v. Chr. und die »Großen Keltenwanderungen« im 3. Jahrhundert v. Chr., in deren Verlauf die keltischen Stämme die größte territoriale Ausdehnung erreichten. Keltische Ansiedlungen waren ab dem 3. Jahrhundert auf der Iberischen Halbinsel, im gesamten Gebiet westlich des Rheins, auf den Britischen Inseln, im nördlichen Alpen- und Voralpenland, südlich der Alpen einschließlich der Po-Ebene, im gesamten Donauraum stromabwärts bis ans Schwarze Meer und bis weit nach Kleinasien hinein zu finden. Städte wie Paris, Mailand, Turin, Budapest und Ankara, um nur einige der heute bedeutendsten zu nennen, sind keltischen Ursprungs. Aber auch in den eigentlich nicht von den Kelten besiedelten Gebieten Europas wurden in diesem Jahrhundert keltische Stämme gesichtet. So zogen sie beispielsweise als plündernde Horden auch nach Makedonien und Griechenland, wo sie mit 30 000 Mann unter dem Heerführer Brennus II. bis nach Delphi vorstießen, angelockt von den Schätzen in den Heiligtümern. Römische Überlieferungen berichten, dass nur ein gewaltiges Erdbeben die heiligen Stätten vor den Kelten rettete. Es löste einen Bergrutsch aus, der die angreifenden Kelten verschüttete. Nach anderen Berichten kamen die Kelten mitten im Winter in Delphi an, und ein schweres Unwetter mit Schneestürmen, Hagel und Frosteinbruch mit Steinschlägen demoralisierte die Kelten derart, dass sie von den erbittert kämpfenden Griechen aus der Gegend vertrieben werden konnten. Andererseits gibt es aber auch Berichte darüber, dass die Tektosagen, ein Teil des keltischen Heeres, in die Heiligtümer gelangten, dort reichliche Beute machten und sich schließlich mit den geraubten Schätzen bei Toulouse niederließen.

Gleichzeitig mit dieser riesigen Ausdehnung kam es jedoch bereits zu den ersten Landverlusten: Die Römer hatten sich inzwischen von ihrem Schrecken erholt, konnten im 3. Jahrhundert v. Chr. einige Schlachten gegen keltische Heere gewinnen, mussten aber mit ansehen, wie sich die Kelten mit Hannibal im Zweiten Punischen Krieg verbündeten, und starteten schließlich einen wohl geplanten Feldzug gegen die gallischen Kelten in der Po-Ebene. 191 v. Chr., also in einer Zeit, als keltische Stämme noch auf der Wanderschaft in entlegene Gebiete Europas waren, schlugen die Römer bei Bologna die Kelten vernichtend. Rom machte eine stattliche Beute, übernahm riesige Gebiete, und die keltischen Stämme mussten sich aus der fruchtbaren Po-Ebene über die Alpen nach Norden zurückziehen.

Die Kelten als gefürchtete Krieger

Dort, wo die Expansion mit kriegerischen Mitteln erfolgen musste, waren die keltischen Krieger sehr gefürchtet. Wegen ihrer ungestümen und brutalen Kriegsführung, ihrer fortgeschrittenen Waffentechnik sowie ihrer Eigenart, die Köpfe ihrer gefallenen Gegner in die Mähnen ihrer Pferde zu binden, verbreiteten sie Angst und Schrecken. Selbst die Römer waren entsetzt über die animalische Kraft, mit der keltische Stämme nach dem triumphalen Sieg über die römischen Legionen in die Stadt Rom eindrangen und sie verwüsteten. Diese Bilder prägten sich bei den Römern ein, sodass es Caesar ein Leichtes war, Regierung und Volk von einem Feldzug über die Alpen zu überzeugen. Nur so konnte die Gefahr aus dem Norden endgültig eliminiert werden. In Erinnerung an die demütigenden Szenen übersah man großzügig, dass bei Caesars Feldzügen gegen die Kelten das Maß der Verhältnismäßigkeit überschritten wurde, denn die Kelten stellten zu dieser Zeit auch für Rom keine Gefahr mehr dar. Für Caesar, der militärische Erfolge brauchte, um Kaiser werden zu können, bedeuteten die Kriegszüge in Gallien und auf den Britischen Inseln die Grundsteine seines politischen Aufstiegs in Rom.

KEIN GEMEINSAMES KELTISCHES STAATSGEBILDE

Weitab ihrer Heimat konnten die Römer erfolgreich 100 Jahre lang gegen die Kelten Krieg führen und sie schließlich nahezu vollständig besiegen. Grund dafür ist unter anderem, dass es unter den Kelten niemanden gab, der es vermochte, die keltischen Stämme zu einem politisch, wirtschaftlich und militärisch starken Reich zu vereinigen. Nie waren die Kelten als gemeinsames Volk aufgetreten, das zweifelsohne über eine erhebliche Schlagkraft verfügt hätte. Vielmehr bestanden sie aus einer Anzahl von unterschiedlich organisierten Stämmen, deren einzige Gemeinsamkeit ihre Sprache war. Dass die Kelten keinen eigenen Staat bildeten, lag möglicherweise auch an der fehlenden Schrift. Ein großes Staatsgebilde in der territorialen Ausdehnung, welche die Kelten im 2. Jahrhundert v. Chr. erreichten, hätte ohne schriftliche Anweisungen und Aufzeichnungen kaum geführt werden können.

So konnten die Rivalitäten zwischen keltischen Stämmen untereinander, die teilweise auch in kriegerische Auseinandersetzungen mündeten, nie wirkungsvoll unterbunden beziehungsweise geschlichtet werden. Einem strategisch denkenden Feind wurde es damit leicht gemacht, einzelne Stämme anzugreifen, ohne sich zwangsläufig mit anderen keltischen Stämmen gleichzeitig auseinander setzen zu müssen. Keinen keltischen Stamm interessierte das Schicksal eines anderen, weit entfernten Stammes, auch wenn solche Erkenntnisse unter militärisch-strategischen Erwägungen höchst interessant für die eigene Sicherheit gewesen wären.

Der gesamten keltischen Wanderung war eigen, dass sie nicht im Geringsten gesamtstrategisch geplant war. Jeder Stamm ist ohne Ziel irgendwohin gezogen – die keltische Wanderung war eher ein planloses Hin- und Herziehen als ein zielbewusstes Marschieren. So zeigt die Karte, auf der die weiteste territoriale Ausdehnung der Kelten aufgezeigt

ist, zwangsläufig eine ganze Reihe von strategischen Merkwürdigkeiten: viele offene Flanken quer durch ganz Europa (besonders in nördliche Richtung zu den Germanen), eine lange Grenze quer durch Mittel- und Oberitalien, die so kaum zu verteidigen war, in Kleinasien gar eine Insellage mitten im Landesinneren und so weiter. Eine zentrale Führung hätte großes Unheil, das schließlich aus diesen strategischen Schwächen auch erwuchs, vermutlich verhindern können.

Chancenlos gegen- über gut organisier- ten Streitkräften

Wegen des Mangels an einer zentral geführten, großen und schlagkräftigen Streitmacht waren die Kelten im 1. Jahrhundert v. Chr. schließlich nicht in der Lage, dem Erstarken der Nachbarn und deren Expansionsdrang – im Norden und Osten die germanischen Stämme der Kimbern und Teutonen und im Süden die Römer – etwas Gleichwertiges entgegenzusetzen. Die wilden keltischen Kämpfer, die ohne Disziplin und Ordnung sowie ohne strategische Führung agierten, hatten letztendlich gegen die wohl geordneten Heere der Römer und gegen die organisierte Kraft der Germanen keine Chance. Nur in Teilbereichen gelang es einigen gallisch-keltischen Heerführern (insbesondere dem Häduer Dumnorix, dem Eburonen Ambiorix und dem Arverner Vercingetorix), mehrere keltische Stämme zu einem

schlagkräftigen Heer zu vereinen. Diese waren dann auch für die Römer ernst zu nehmende Streitkräfte, obwohl sie gegen die römischen Heere nach langen Kämpfen letztendlich nicht bestehen konnten.

Die Kelten wurden im Spannungsfeld zwischen Römern und Germanen als eigenständige Stämme zerrieben und assimiliert. Insbesondere die ins keltische Gebiet einwandernden germanischen Stämme konnten sich meist kampflos dort niederlassen. Nur die abgelegen siedelnden keltischen Stämme existierten noch lange Zeit ungestört weiter, weil sich kein Römer jemals dorthin verirrte oder aus Sicherheitsgründen nicht dort bleiben wollte. So gerieten das schottische Hochland und Irland nie in römische Hand, und auch das »Galatien« benannte Territorium mitten in Kleinasien konnte lange Zeit seine ethnische Unabhängigkeit bewahren. Auch die Germanen hatten offensichtlich an solchen Gegenden kein Interesse – sie zog es vor allem in südliche Gefilde, wo sie nicht nur auf Kelten trafen, sondern später auch am langsamen Untergang des Römischen Reiches tatkräftig beteiligt waren. Den Kelten verblieben letztendlich als »Rückzugsgebiet« nur Schottland und Irland, wobei der Begriff so zu deuten ist, dass die dort ansässigen Stämme unberührt blieben und nicht etwa kontinentale Stämme dorthin flüchteten.

Die Kelten im Laufe

1500 v. Chr. bis 8. Jahrhundert v. Chr.

etwa 1500 v. Chr.	Beginn der Hügelgräber-Bronzezeit
etwa 1200 v. Chr.	Beginn der Urnenfelder-Bronzezeit
um 1100 v. Chr.	Wanderung der Indogermanen nach Westen
etwa 1000 v. Chr.	Beginn der Eisenzeit
etwa 800 v. Chr.	Beginn der Hallstattkultur / Ende der Bronzezeit

7. und 6. Jahrhundert v. Chr.

7. und 6. Jh. v. Chr.	Abbau von Salz in großem Stil bei Hallstatt
ab 6. Jh. v. Chr.	Erste befestigte Höhensiedlungen
um 600 v. Chr.	Steinskulptur des Kriegers von Hirschlanden
6. Jh. v. Chr.	Erweiterung des keltischen Siedlungsgebietes von Bayern und Böhmen nach Südwestdeutschland, Schweiz und Frankreich

5. Jahrhundert v. Chr.

um 500 v. Chr.	Der schwere Pflug verdrängt den leichten Ard
um 500 v. Chr.	Steinskulptur des Keltenfürsten von Glauberg
5. Jh. v. Chr.	Beginn der Kriegsführung mit Streitwagen
etwa 480 v. Chr.	Beginn der Latènekultur
480 v. Chr.	Hügelgrab von Vix
etwa 450 v. Chr.	Ende der Hallstattkultur

4. Jahrhundert v. Chr.

4. Jh. v. Chr.	Erste Wanderungswelle keltischer Stämme
um 400 v. Chr.	Erste keltische Münzen
4./3. Jh. v. Chr.	Ranken- und Waldalgesheim-Kunststil
387 v. Chr.	Die Kelten belagern nach einer gewonnenen Schlacht am Fluss Allia gegen die Römer das Kapitol in Rom
368 v. Chr.	Die Kelten stoßen nach Griechenland vor
360 v. Chr.	Bei Rom gewinnen die Römer eine Schlacht gegen die Kelten
335 v. Chr.	Keltische Stämme schwören Alexander dem Großen die Treue

3. Jahrhundert v. Chr.

3. bis 1. Jh. v. Chr.	Später oder Plastischer Kunststil
280 v. Chr.	20 000 Kelten stoßen über den Bosporus nach Kleinasien vor

DER JAHRHUNDERTE

279 v. Chr.	Das griechische Heiligtum Delphi wird von Kelten geplündert
278 v. Chr.	Kelten lassen sich bei Tylis (Bulgarien) nieder
275 v. Chr.	Die keltischen Galater lassen sich in Kleinasien nieder
225 v. Chr.	Die Römer gewinnen die Schlacht bei Telamon gegen die Kelten
218 v. Chr.	Die Kelten verbünden sich mit dem Punier Hannibal
203 v. Chr.	Die Punier ziehen sich aus Italien zurück

2. JAHRHUNDERT V. CHR.

etwa 200 v. Chr.	Die Kelten erreichen ihre größte territoriale Ausdehnung
2. Jh. v. Chr.	Entstehung von Oppida – stadtähnliche, befestigte Ansiedlungen
191 v. Chr.	Vernichtende Niederlage der Kelten gegen die Römer bei Bologna
um 150 v. Chr.	Entdeckung einer gewaltigen Goldader in Noricum
125 v. Chr.	Die Römer ziehen von Marseille aus nach Norden gegen keltische Stämme
113 v. Chr.	Die germanischen Stämme Kimbern und Teutonen überqueren die Alpen – die Kelten geraten mehr und mehr zwischen die Fronten

1. JAHRHUNDERT V. CHR.

61 v. Chr.	Der Druide Divitiacus besucht Rom und wohnt bei Cicero
59 v. Chr.	Caesar wird als Verwalter von Gallien eingesetzt
54 v. Chr.	Caesar gewinnt eine Schlacht gegen Ambiorix in Belgien
52 v. Chr.	Caesar schlägt Vercingetorix in Gallien und wirft damit einen Aufstand der gallischen Kelten endgültig nieder
51 v. Chr.	Die letzte keltische Burg kapituliert vor Caesar
15 v. Chr.	Ende der Latènekultur
10 v. Chr.	Das regnum Noricum wird Teil des Römischen Reiches

1. BIS 5. JAHRHUNDERT

61	Die Römer erobern die Insel Mona (Anglesey), das wichtigste Heiligtum der Inselkelten
61	Die Keltenfürstin Boudicca schlägt in Britannien römische Legionen
69-70	Civilisaufstand
2. Jh.	Mondkalender von Coligny
3. Jh.	Der Raum nördlich der Alpen wird von Alamannen besetzt, die dort siedelnden Kelten germanisiert
3. Jh.	Ein irischer Weiser erfindet die Oghamschrift
405	Patricius, der spätere Heilige Patrick, gelangt gefangen nach Irland
444	St. Patrick betreibt von Amagh aus die Christianisierung heidnischer Iren

WIRTSCHAFT UND HANDEL

Die keltischen Stämme lebten sowohl zum Ende der Hallstattzeit als auch vor allem in der zweiten Phase der Latènezeit in guten wirtschaftlichen Verhältnissen. War in der Hallstattzeit der Wohlstand noch auf die Herrschenden beschränkt, so konnte in den Oppida der Latènezeit der größte Teil des Volkes von der hervorragenden Wirtschaftskraft der Siedlungen gut leben.

DER HANDEL IN DER SPÄTBRONZEZEIT

Wirtschaft und Handel der Stämme untereinander waren in der Spätbronzezeit (in die die Urnenfelderkultur fiel) einerseits vor allem auf Kupfererze und Zinnseifen, die mit den damaligen Mitteln nur in wenigen Regionen Europas abgebaut werden konnten, und andererseits auf die Produkte aus Bronze beschränkt. Die Stämme konnten sich also entweder mit den Rohstoffen versorgen und die Produkte selbst produzieren oder die gewünschten Produkte beziehen. Welche Alternative man vorzog, dürfte davon abhängig gewesen sein, wie weit die Erzabbaugebiete entfernt waren und welche Transportmöglichkeiten bestanden. Kupfererze wurden vor allem in den Ostalpen, in Mitteldeutschland, Nordböhmen und in den Karpaten abgebaut, Zinnseife dagegen in Cornwall und in der Bretagne. Daneben spielte schon in dieser Zeit auch der Handel mit Salz eine große Rolle.

Tauschgeschäfte bestimmten den Handel

Spricht man für diese Zeit von »Handel«, dann sind damit nicht in eigener Rechnung tätige Händler zu verstehen, die den Handel einschließlich des Transports organisierten. Wenn ein Stamm Rohstoffe brauchte, musste sich eine Abordnung auf die Reise zu den Abbaugebieten machen und Waren mitnehmen, die wiederum in der Heimatregion hergestellt wurden (zum Beispiel Felle oder Textilien). Denn in dieser Zeit, in der es bei den Kelten noch kein Geld gab, konnten nur Tauschgeschäfte getätigt werden. Andere Stämme verzichteten darauf, etwas mitzunehmen und schickten stattdessen eine Anzahl Krieger, die die benötigten Waren einfach raubten, wenn sie nur schlagkräftig genug waren. Allerdings verstanden es die Siedlungen, die Rohstoffe zu bieten hatten, mit der Zeit, sich mit stattlichen Wällen zu umgeben, sodass diese Art des »Handels« bald zum Erliegen kam. Weil sich die Siedlungen meistens nicht direkt am Bergwerk befanden, könnte der Zugang zum Bergwerk theoretisch frei für jedermann gewesen sein. Doch erforderte die Gewinnung des Rohstoffs Kenntnisse, die wiederum nur die Menschen vor Ort hatten; die Gewinnung von Rohstoffen durch Fremde dürfte daher kaum möglich gewesen sein. Die Gefahr, dass sich Fremde in die Bergwerke begaben, um sich dort an den Rohstoffvorkommen zu bedienen, war daher ausgeschlossen.

Halbfertigwaren als problemloses Transportgut

Zweifellos wurden in den Abbaugebieten die Rohstoffe zu gebrauchsfertigen Produkten weiterverarbeitet, die von den Fremden eingetauscht werden konnten. Doch die Regel dürfte gewesen sein, dass man halbfertige Waren mitnahm und sie in der Heimat weiterverarbeitete. Damit umging man einerseits unnötiges Gewicht, das man zusätzlich zum reinen Abbauprodukt sinnlos transportieren hätte müssen. Und andererseits ersparte man sich die »Kosten« (in Form von Tauschartikeln), die der Kauf fertiger Ware mit sich gebracht hätte.

Funde aus der Urnenfelderkultur zeigen, dass es in der Tat größere weiterverarbeitende Metallwerkstätten in den großen Höhensiedlungen gab. Dort wurde auch über den eigenen Bedarf hinaus produziert, sodass wiederum in den umliegenden kleineren Siedlungen beziehungsweise Dörfern Metallwaren (zum Beispiel Sicheln) gegen Getreide, Fleisch und andere Lebensmittel getauscht werden konnten.

Wenig Fernhandel wegen der unsicheren Wege

Ein Fernhandel scheint zu dieser Zeit nicht stattgefunden zu haben. Zu wenig Kontakte mit anderen Kulturen dürfte es in dieser Zeit gegeben haben, und die Entfernungen werden nur schwer überbrückbar gewesen sein.

Zwar wurden in den Höhensiedlungen aus der Urnenfelderkultur Gegenstände gefunden, die nicht aus dem mitteleuropäischen Kulturkreis stammen dürften, die wegen ihres nur vereinzelten Auftretens aber nicht auf einen überregionalen Handel hinweisen. Es könnte sich hierbei auch um Geschenke von Besuchern gehandelt haben. Entlang von großen Flüssen oder auch an den Küsten könnte allerdings eine Art Fernhandel stattgefunden haben, weil weiter entfernte Rohstoffabbaugebiete auf dem Wasser leichter zu erreichen sind und der Transport schwerer Ware unproblematischer ist. Allerdings scheint sich der Handel mit sehr wertvollen Rohstoffen in größeren geografischen Ausmaßen abgespielt zu haben: So spricht man von der so genannten Bernsteinstraße, einer Handelsroute zwischen Ostsee und Ägäis, die in dieser Zeit eine wichtige Rolle gespielt haben muss. Dass an diesem Handel frühkeltische Stämme beteiligt gewesen waren, ist angesichts der weit im Osten verlaufenden Route unwahrscheinlich.

Die Hallstattkultur: Der Horizont erweitert sich

In der Hallstattkultur, die häufig als frühkeltische Epoche betrachtet wird, weitet sich der Handel in Mitteleuropa deutlich aus. Ausgehend vom florierenden Salzhandel, dessen Mittelpunkt die Siedlung Hallstatt im Salzkammergut war, bis zur Verfeinerung der Technik der Metallverarbeitung wird das Bedürfnis, fremde Waren einzutauschen, größer. Keltische Siedlungen waren in dieser Zeit in Süd- und Südwestdeutschland, in der Schweiz und in Ostfrankreich zu finden.

Gute Handelsbeziehungen zu Massalia

Der unbeschwerlichste und kürzeste Zugang vom Mittelmeer zu diesen Siedlungen war der über das Rhonetal. Als die Griechen um 600 v. Chr. die Stadt Massalia (das heutige Marseille) gründeten und die Stadt 540 v. Chr. gegen die Karthager und Etrusker eine schmerzhafte Niederlage hinnehmen musste, wandten sich ihre Kaufleute dem eigenen Hinterland zu, wo sie über den Oberlauf der Rhone ins keltische Siedlungsgebiet gelangten. Griechisch-provençalische Weinamphoren, die mit dem bei den Kelten recht beliebten Wein die weite Reise auf der Rhone antraten, wurden in der Folge bedeutenden Toten mit ins Grab gegeben. Dies dürfte allerdings für die Kaufleute aus Massalia zunächst nur ein erfreulicher Nebenerwerb für die stromaufwärts leer fahrenden Kähne gewesen sein. Eigentlich wollten sie auf dem Landweg wieder Zugang zu dem begehrten bretonisch-britannischen Zinn finden, von dem sie auf dem Seeweg durch ihre Niederlage gegen Karthago abgeschnitten waren. Als Gegenleistung hatten die Kelten jedoch einiges im Tausch zu bieten: Eisen, textile Rohmaterialien (Flachs und Wolle), fertige Textilien (Mäntel), Häute und Hölzer. So entstand über das Rhonetal ein schwunghafter Tauschhandel zwischen Mitteleuropa und dem Mittelmeerraum.

Die Handelswege über die Alpen

In dieser Zeit waren aber noch zwei weitere Handelswege von Bedeutung, die das Gebiet der in der Po-Ebene ansässigen Etrusker mit dem der Kelten verbanden. Die Waren der Etrusker – Schnabelkannen, Becken und Siebtrichter aus Bronze – fanden ihren Weg über die Mittelalpen unter Benutzung der Tessin-Passage zu den linksrheinischen keltischen Stämmen, die andererseits auch über die Rhone Verbindung zum Mittelmeer hatten. Der andere Weg führte vermutlich über die Etsch-Eisack-Passage zu den Kelten in Hallein, Oberösterreich und Böhmen. Diese Handelswege über die Alpen dürften damals sehr beschwerlich gewesen sein. Auch waren sie im Winter vermutlich nicht passierbar, was der Kontinuität des Warentausches auf diesen Strecken sicherlich abträglich war. Andererseits handelte man über weite Entfernungen sicher nicht mit verderblichem

Gut, sodass es genügte, wenn die Alpenpassagen in den Sommermonaten benützt werden konnten.

Der Fernhandel – eine erste Orientierung zum Mittelmeerraum

Auf jeden Fall war der Fernhandel neben den aus der Urnenfelderkultur bekannten Arten des »Handels« in der Hallstattzeit durchaus vorhanden. Belegt wird dies durch eine Vielzahl von griechischen Vasen und Weinamphoren, attischen Vasen, etruskischen Schnabelkannen und anderen Gebrauchsgegenständen aus dem Mittelmeerraum, die in den Ausgrabungsstätten der Hallstattkultur nördlich der Alpen gefunden wurden. Die großen und schweren Weinamphoren dürften alle mit dem Lastschiff auf der Rhone und den angrenzenden Flussläufen nach Norden gebracht worden sein. Auch der Handel mit Salz aus Hallstatt hatte vermutlich weit überregionalen Charakter, denn der Abbau von

Salz in Bergwerken war auf die Ostalpen beschränkt, von wo das Salz nördlich der Alpen verteilt wurde. Ein Handel über die Alpen hinweg dürfte mit Steinsalz jedoch kaum stattgefunden haben, weil im Mittelmeerraum Salz aus den Salinen am Meer gewonnen wurde.

REGER handel in der Blütezeit

Zu Beginn der Blütezeit der keltischen Kultur, also etwa im 4. und 3. Jahrhundert v. Chr., kamen aus dem Mittelmeerraum sehr viele Güter über die alten Routen zu den Kelten nördlich der Alpen. Italischer Wein in großen Amphoren wurde auf dem Wasserweg nach Norden gebracht, wobei neben der Rhone nun auch die Donau als Schifffahrtsweg diente. Auch in hölzernen Fässern transportierte man nun das beliebte Getränk auf Karren über die Alpen. Wertvolle Trinkutensilien fanden ebenfalls den Weg zu den Kelten – Eimer, Pfannen, Kannen, Henkelbecher, Schöpf-, Sieb- und Hängegefäße aus Bronze sowie kampanische Trinkschalen aus schwarz gefirnisster Keramik vervollständigten das Wein-Arrangement. Zudem gab es noch eine Vielzahl von Handelswegen zu anderen Nachbarn der keltischen Stämme: zu den Germanen zwischen Mittelelbe und Weser genauso wie zu den rätischen Gebirgsstämmen der südlichen Alpentäler, wobei nicht nur Waren ausgetauscht wurden, sondern zuweilen auch »Einheiraten« auf beiden Seiten stattfanden. Eine besondere Leidenschaft der Kelten war der Besitz von edlen Rassepferden, die sie insbesondere von den Thrakiern oder aus dem italischen Raum, häufig als Ehrengeschäfte, zugeführt bekamen. Alle diese Geschäfte wurden noch im Warentausch durchgeführt – Geld hatte sich noch nicht durchgesetzt, und eine Schreibschrift fehlte bei den Kelten nach wie vor.

Der römische Einfluss auf den Handel

Die Art des Handels veränderte sich, als die Römer im 3. Jahrhundert v. Chr. damit begannen, die gallisch-keltischen Ansiedlungen im nördlichen Teil der Apenninenhalbinsel anzugreifen und die Kelten nach mehreren gewonnenen Schlachten schließlich nach Norden vertrieben. Je weiter die Römer im Lauf der Jahrzehnte nach Norden vordringen konnten, umso größer wurde ihr wirtschaftlicher Einfluss auf die keltischen Stämme. Bald schon ging man bei den Kelten vom Tauschhandel auf Geld über, wobei sowohl römische, griechische als auch keltische Münzen verwendet wurden. Für die keltischen Münzen wurde der Gewichtsstandard griechischer und römischer Münzen übernommen – doch dürften sie gegen römische Münzen nicht austauschbar gewesen sein, denn sofort nach der Besetzung eines keltischen Gebietes durch die Römer galt dort ausschließlich das römische Münzwesen. Auch wurde nun tatsächlich »gehandelt«, weil nach römischem Vorbild Händler tätig wurden, die ausschließlich Ware in eigener Rechnung kauften, verkauften und auch den Transport organisierten. So waren oft schon vor den Heeren römische Händler in noch unbesetzten keltischen Gebieten unterwegs, um die bei den keltischen Stämmen sehr begehrte Ware aus den Mittelmeerländern zu verkaufen. Auch gab es für die römischen Händler selbst Anreize, bei den Kelten Waren zu kaufen: So waren zum Beispiel keltischer Schmuck und auch kunstvoll geschmiedete Waffen aus keltischen Werkstätten in den Mittelmeerländern sehr beliebt.

Neue Handelsstrukturen

Im Verlauf dieser Handelsbeziehungen bildeten sich alsbald auch bei den keltischen Stämmen Händlerstrukturen, die mit den Römern und den Kelten gleichermaßen Handel trieben. In diesem Zusammenhang sei erwähnt, dass es in den letzten Jahrhunderten v. Chr. sehr wohl eine größere Anzahl von (in Latein) schreibkundigen Kelten, in der Mehrzahl vermutlich Händler, gab, denn ohne sie wäre ein organisierter Handel nicht denkbar

gewesen. Man vermutet, dass solcherart gebildete Menschen mit ihrer Sach-, Sprach- und Schreibkundigkeit fast zwangsläufig auch nicht unerheblichen innenpolitischen Einfluss gehabt haben müssen, auch wenn sie selbst keine politischen Funktionen ausgeübt haben sollten. Es kann auch nicht mehr nachvollzogen werden, wie sich die finanziellen Beziehungen zwischen Großkaufleuten und politischen Führungspersonen gestaltet haben.

GROSSSIEDLUNGEN BEGÜNSTIGEN HANDEL UND WIRTSCHAFT

Vom zweiten Drittel des 2. Jahrhunderts bis nach der Mitte des 1. Jahrhunderts v. Chr. bestimmten die zentralen volksreichen Großsiedlungen (die Oppida) das keltische Siedlungsbild. Sie wurden von gewaltigen Wehrmauern umschlossen und waren als Handelszentren, Stapel- und Umschlagplätze wichtige Objekte des neu entstandenen dynamischen Wirtschaftsverkehrs der Kelten. Sie konnten dieser Funktion dank der Einführung einer regulären Geldwirtschaft und der damit verbundenen Möglichkeit, den Handel überregional zu organisieren, sehr gut gerecht werden. Zudem wurden in diesen Großsiedlungen von spezialisierten Handwerkern wertvolle Waren hergestellt, die sich mit den römischen und hellenistischen Gegenständen durchaus messen konnten und den Handel zusätzlich ankurbelten.

Das Oppidum Manching an der Donau

Eines der größten Oppida war Manching an der Donau. Es konnte auch am weitgehendsten erforscht werden. Wissenschaftliche Berechnungen ergaben, dass in diesem Oppidum in der Blütezeit etwa 5000 bis 10 000 Menschen, 1150 Pferde, 11 575 Rinder, 13 000 Schafe und Ziegen, 12 000 Schweine und 1325 Hunde lebten – die jährliche Schlachtausbeute lag bei durchschnittlich 308 000 Kilogramm.

Es ist unklar, wie weit sich die landwirtschaftliche Nutzung ins Umland ausdehnte. In Manching fanden sich die Reste großer Speicher und Magazinbauten, der Wohnhäuser von Handwerkern und von Verkaufshütten. Auch wurde eine Vielzahl von Münzen aus unedlen Legierungen gefunden, die offensichtlich eine stadtinterne Kleingeldwäh-

rung darstellten. Wie schon angesichts anderer Funde vermutet, waren die Goldmünzen dem Fernhandel vorbehalten. Außerdem kamen bei den Grabungen, die ab 1955 systematisch durchgeführt wurden, zahlreiche ortsfremde Fundstücke zutage. Man identifizierte Fibeln aus dem Tessin, Bernstein von der Ostseeküste, zahlreiche fremde Münzen und südländische Amphoren. Alle diese Funde beweisen, dass Manching beispielhaft für die Großsiedlungen der Kelten in dieser Zeit war und dass die Oppida bedeutende wirtschaftliche Zentren darstellten. Zudem war Manching an einem äußerst verkehrsgünstigen Standort errichtet worden: Die keltischen Vindeliker, die seit etwa 450 v. Chr. hier siedelten, hatten wohl bereits die Bedeutung der Nähe zu zwei Flüssen erkannt. Sie legten ihre Siedlung ostwärts der Paar und südlich des ehemaligen Hauptarms der Donau an. Die unmittelbare Nähe zur Donau ermöglichte eine rasche Verteilung von Waren durch die Flussschifffahrt vor allem in südöstliche Richtung, wo als Handelsgebiet der gesamte Donauraum bis ans Schwarze Meer mit seinen Anrainern offen stand.

Kaum Fernhandel zwischen den Keltenstämmen

Die Oppida waren wohl die einzigen Träger eines Fernhandels zwischen den in Europa weit verstreuten keltischen Stämmen – aber auch nur dann, wenn sie einen so günstigen Standort an einem langen, schiffbaren Fluss hatten wie Manching. Anders als beispielsweise bei den zentralistisch gelenkten Römern fand zwischen den Kelten kein Handel untereinander über weite Entfernung statt. Dies könnte zum einen daran gelegen haben, dass es zwischen den Kelten wenig Anreiz für den Handel aufgrund gleicher beziehungsweise ähnlicher Waren gab, und zum anderen, dass die weiten Wege zu beschwerlich und zu gefährlich für die Güter waren. Einer der wichtigsten Gründe dürfte aber das fehlende gemeinsame politische Dach gewesen sein, sodass kaum politische Verbindungen zwischen den weit auseinander liegenden Stämmen bestanden. Niemand konnte die Handelsstrukturen zentralistisch organisieren und die potenziellen Handelswege militärisch sichern. So fanden die Kelten in den jeweiligen Regionen fremde Handelspartner, die ihnen mehr bieten konnten als die weit entfernten Verwandten und welche keltische Waren gerne kauften.

Selbstständige keltische Wirtschaftseinheiten

Im Bereich von Wirtschaft und Handel zogen es die Kelten ebenfalls vor, als Stamm selbstständig zu bleiben und eigene Interessen zu verfolgen. Auch die Oppida waren eigenständige Siedlungen, die nicht in einem Verbund oder ähnlichen Strukturen miteinander verflochten waren. Nur sie hätten zusammen die wirtschaftliche Kraft gehabt, eine flächendeckende wirtschaftliche Organisation auf dem gesamten Gebiet der keltischen Stämme aufzubauen und die politischen Strukturen zusammenzuführen. Wahrscheinlich war es aber auch schon zu spät für eine solche Entwicklung, denn in der Blütezeit der Oppida hatte bereits der Landverlust auf der Apenninischen Halbinsel begonnen, sodass der Druck der Römer von Süden und der der Germanen durch Kimbern und Teutonen von Norden Einheitsbestrebungen wohl gar nicht mehr zugelassen hätte. So kam auch das regional ausgerichtete Wirtschaftssystem der Kelten bald völlig undramatisch zum Erliegen, als die germanischen Übergriffe immer häufiger und die Expansion der Römer immer energischer wurde. Wie für viele andere Oppida bedeutete auch für Manching der Einfall der Germanen und die anschließende Übernahme durch die Römer das Ende seiner Blütezeit.

TECHNIK

Technisch waren die Kelten ihren Nachbarn deutlich voraus – selbst die Römer hatten beispielsweise im Bereich der Waffentechnik nichts Gleichwertiges zu bieten. Als ausgesprochen fortschrittlich ist zudem die Technik des Bergbaus und der Eisenverarbeitung zu bewerten – große Verdienste hatten die Kelten auch beim Vervollkommnen des Rades.

DIE WEHRTECHNIK

Die Kelten legten schon in der Urnenfelderzeit befestigte Areale von großer Ausdehnung an. In der Regel waren sie auf Hügelkuppen zu finden, die die Umgebung beherrschten. Dass es dazu kam, dürfte mit einem zunehmend aggressiven Charakter des Zusammenlebens auch unter den Keltenstämmen selbst zu erklären sein, denn solche Verteidigungsanlagen beweisen, dass die Bevölkerung ständig militärischen Auseinandersetzungen ausgesetzt war. In Folge dieser Spannungen entstanden fast überall im keltischen Europa derartige Höhenfestungen. Einige nur dünn besiedelte Festungen lassen vermuten, dass es sich mitunter auch nur um Lager für Getreide gehandelt haben könnte.

Strategisches Denken und beste Bautechnik

Betrachtet man die von Rastlosigkeit, Aggressivität und Impulsivität geprägte Geschichte der Kelten, so muss man dem langwierigen Bau solcher Verteidigungsanlagen große Bedeutung einräumen. Die Sorge um die eigene Sicherheit muss schon erheblich gewesen sein, wenn der Bedarf dieser Anlagen erkannt und die Geduld, die Organisation sowie der ungeheure Arbeitsaufwand erbracht wurden, solche gewaltigen Bauwerke zu errichten.

Eine der größten dieser Festungen aus der Urnenfelderzeit ist das Wittnauer Horn im Schweizer Jura. Sie liegt auf der Kuppe eines steil abfallenden Bergsporns und ist mit einem 40 Meter breiten Wall, der aus einem losen Querbalkenwerk, das mit Steinen und Erde aufgefüllt ist, gesichert. Schätzungen zufolge wurden in diesem Wall 24 000 Kubikmeter Holz verbaut, das ja zunächst einmal gefällt, sorgfältig behauen und herantransportiert werden musste. Bei der Planung der Höhenanlagen wurden die Eigenschaften des Geländes, die der Verteidigung natürlicherweise dienen konnten, voll ausgenützt: So sparte man sich beispielsweise in Britannien an Steilküsten eine Seite der Mauer, indem man die Anlage unmittelbar an die Oberkante des Felsens baute – der tiefe Abgrund zum Meer war ein mindestens gleichwertiger Schutz gegen Feinde wie die Wälle an den anderen drei Seiten. Oder man bezog unbesteigbare Felsformationen auf den Kuppen in die Wallanlage ein und konnte so Material und Arbeit einsparen. Gern gesehen waren auch tiefe, von oben gut einzusehende Geländeeinschnitte, die auf die Höhe führten. Durch eine solche Schlucht konnte man den Zugang zur Höhenfestung führen und im Verteidigungsfall die Angreifer von oben effektiv bekämpfen. Denn der Eingang war naturgemäß der schwächste Punkt in der Anlage – an seiner ausgeklügelten Gestaltung konnte man durchaus strategisches Denken der Kelten ablesen, das ihnen wegen ihrer undisziplinierten Kriegsführung oft abgesprochen wird: Je nach der Vorstellungskraft beziehungsweise Kampferfahrung der

Erbauer wurde der Eingang mit zusätzlichen Erdschanzen geschützt, wurde eine lange Gasse zwischen den Wällen und Mauern bis vor das Tor angelegt, wurden zwei Tore gebaut, zwischen denen eine für die Verteidiger vorteilhafte Kampfzone lag, die von Wällen eingeschlossen war, und so weiter.

Die Oppida – Höhepunkte der keltischen Bautechnik

In der Blütezeit der keltischen Kultur wurden wie bereits erwähnt bevölkerungsreiche Siedlungen großer Ausdehnung angelegt, so genannte Oppida, die man angesichts ihrer Größe und Funktionen durchaus als »Keltenstädte« bezeichnen kann. Als Musterbeispiel für eine solche Keltenstadt gilt das Oppidum Manching an der Donau. Der dortige Wall war 7 Kilometer lang und umschloss eine Fläche von 375 Hektar. Dieser Wall stellt einen Befestigungstyp dar, den Caesar in

Gallien kennen lernte und als murus Gallicus (gallische Mauer) bezeichnete. Denn die Konstruktion beeindruckte selbst die Römer: Es wurde zunächst aus längs und quer horizontal geschichteten Balken ein offenes Kastenwerk errichtet, wobei die Balken fest miteinander vernagelt und an der Außenfront mit einer Steinmauer versehen wurden, aus der die Köpfe der Querbalken ein kurzes Stück herausragten. Zwischen Steinmauer und Holzgefach füllte man Erde und Bruchgestein, ebenso schüttete man schweres Füllmaterial direkt in das Holzgefach. So konnte die Steinfassade den Wall vor Brand schützen, während das Holzgefach den Wall stabilisierte, sodass er mit dem Rammbock nicht eingedrückt werden konnte.

DER UMGANG MIT DEM EISEN

Nachdem etwa zu Beginn des 1. Jahrtausends v. Chr. die Technik der Bronzebearbeitung den Höhepunkt ihrer Entwicklung erreicht hatte, indem man komplizierte Formen gießen, Bleche hämmern und vernieten sowie Legierungen mit unterschiedlichen Eigenschaften erzeugen konnte, eroberte das Eisen im 8. Jahrhundert v. Chr. die nördlich der Alpen liegenden Kulturen. Zu dieser Zeit war die Eisenverarbeitung im Orient mindestens schon 700 Jahre lang bekannt, auch wenn sie ein streng gehütetes Geheimnis war, denn das Material war knapp. Nach Europa gelangte das Eisen vor allem über die Griechen, die etwa im 8. Jahrhundert auf den

Inseln Elba, wo das Erz abgebaut wurde, und Ischia, wo sie ein Zentrum der Eisenbearbeitung einrichteten, mit dem neuen Metall die besten Erfahrungen sammeln konnten. Allerdings wurden auf dem italienischen Festland Zeugnisse für eine noch frühere Eisenverarbeitung gefunden, die darauf hinweisen, dass dort durch direkte Kontakte zwischen Zypern, dem Orient und Italien bereits vor den Griechen eine Eisenverarbeitung stattfand.

Eisen – von der Mangel- zur Massenware

Ob nun die Kenntnisse der Eisenverarbeitung von Italien aus ins Land der Kelten kam oder ob sie die Technologie aus dem östlichen Donauraum übernahmen, ist nicht bekannt. Das Material dürfte zunächst Mangelware gewesen, aber durch den keltischen Bergbau bald einem Überfluss gewichen sein. Denn ab dem 1. Jahrhundert v. Chr. wurden nicht mehr brauchbare Eisengegenstände offensichtlich in den Abfall geworfen, wo man sie heute wieder ausgraben kann, während beschädigte Eisenwaren aus den Jahrhunderten zuvor nicht gefunden werden konnten. Sie wurden offenbar eingeschmolzen und zu neuem Werkzeug verarbeitet. Dass es in den letzten Jahrhunderten v. Chr. an Eisen nicht mehr fehlte, zeigt auch die Tatsache, dass in einer Wallanlage des Befestigungstyps murus Gallicus – wie beispielsweise im Oppidum Manching – etwa 300 Tonnen Nägel die Balken des Holzgefachs zusammenhielten.

Keltische Spitzentechnik in der Eisenverhüttung

Eisen war der Bronze insbesondere wegen seiner Härte überlegen. Auch kam es als Eisenerz häufiger vor als Kupfer und Zinn, und es war leichter zu bearbeiten. Das Erz fand man unmittelbar unter der Erdoberfläche, und man brauchte keine großen Bergwerke mit aufwändigem Tiefbau zur Förderung des Rohstoffs anlegen. Der Herstellungsprozess war vergleichsweise einfach: Das in kleine Stücke zerbrochene Erz wurde vorgeröstet und mit Holzkohle vermischt. Dann erhitzte man das Material in einem kleinen Schachtofen auf etwa 900 Grad. Es bildete sich eine Schlacke, die sich am Boden des Ofens sammelte, während das Eisen als schwammartige Masse, die so genannte Luppe, zurückblieb. Diese Masse wurde noch einmal aufgeheizt, um restliche Schlackeneinschlüsse abfließen zu lassen.

Die Eisengewinnung konzentrierte sich mit der Zeit auf einige wenige Zentren, in denen man das Rohmetall zu Barren verschiedenster Formen ausschmiedete, um es gut transportieren und/oder damit Tauschhandel betreiben zu können. Um das 1. Jahrhundert v. Chr. bezogen die spezialisierten Schmiede in den Oppida das Eisen überwiegend in Barrenform direkt von den Produktionszentren. Die Stämme, die die Gebiete mit den wichtigsten Eisenerzvorkommen beherrschten, lebten in ungewöhnlichem Wohlstand. Die geografische Nähe einer Oppida zu einem solchen Abbaugebiet war natürlich auch für die Stadt von Vorteil, sodass viele Oppida in der Nähe von Verhüttungsbetrieben und Bergwerken entstanden.

DER ABBAU VON ROHSTOFFEN

Wie erwähnt, konnte Eisenerz überwiegend im Tagebau »ausgegraben« werden, während der Abbau von Steinsalz und Kupfer meist nur unter Tage möglich war. Der Bergbau war jedoch für die Menschen im letzten Jahrtausend v. Chr. nichts Neues, denn man blickte in Europa auf eine mehrtausendjährige Tradition zurück, weil schon in der Jungsteinzeit zur Gewinnung des lebenswichtigen Feuersteins intensiv Bergbau betrieben wurde. Auch der Kupferbergbau trug seit der Bronzezeit zu einer ausgefeilten Bergbautechnik bei. Aufgrund der langen Erfahrung ist es also nicht erstaunlich, dass sich die Kelten auch im Abbau von Salz und Kupfer hervortaten.

Salzbergbau mit Wasserkraft

Der Abbau von Steinsalz wurde in den Gruben der Ostalpen bei Salzburg, Hallstatt und Hallein-Dürrnberg betrieben. In Hallstatt wurden bis zu 350 Meter lange Stollen, die man mit Holz abstützen und verschalen musste, mit bronzenen Pickeln, Tüllenäxten und Holzschaufeln in die Bergflanken gehauen. Für die eigentliche Salzgewinnung konnte man in den Alpenregionen häufig auf die Wasserkraft zurückgreifen, indem man das Wasser eines nahen Bachs in den Stollen leitete, das Salzgestein damit herausspülte und es über ein Leitungssystem in riesige Bottiche leitete, wo das Wasser entweder durch die Sonnenwärme oder mit Holzfeuern unter den Bottichen verdampft wurde und das Salz dabei auskristallisierte.

Aufwändige Technik beim Kupferabbau

Dagegen waren die in harten kristallinen Fels eingebetteten Kupferlager nicht so leicht auszubeuten. Das extrem harte Felsgestein musste aufgebrochen und das Wasser beseitigt werden, das in den Stollen, die mit einem Gefälle von 20 bis 30 Grad der in den Berg führenden Ader folgten, hinunterlief. Vor Ort konnte man das Wasser für das Ablöschen des Gesteins gut gebrauchen: Man heizte den Felsen mit einem Holzfeuer an und löschte ihn dann mit kaltem Wasser ab, sodass das Gestein aufbrach und man es anschließend mit Pickeln und Äxten leichter

von der Stollenwand lösen konnte. Der Holzverbrauch war bei dieser Bergbautechnik immens, denn die langen Stollen mussten zudem verschalt und gestützt werden. Auch der Arbeitsaufwand, der allein durch die Holzarbeiten verursacht wurde, dürfte etwa ein Drittel des Gesamtaufwands betragen haben.

Auf eine Kupfermine konnte man damals nur stoßen, wenn die Stelle, an der die Ader zu Tage trat, im Gelände zu erkennen war. Unmittelbar dort wurde mit dem Abbau begonnen, indem unterhalb der Ader Platz für das Feuer geschaffen wurde. Mit der Zeit folgte man der Ader häufig weit mehr als 100 Meter in den Berg hinein. Dabei mussten Zwischenstufen (also ein neuer Stollen unterhalb in Verbindung mit dem oberhalb liegenden alten Stollen) angelegt werden, die zum einen für die notwendige Luftzirkulation sorgten und in denen man zum anderen das Sickerwasser mit kleinen Dämmen stauen konnte.

Das gehauene Erz dürfte auf Schlitten aus dem Stollen gezogen worden sein. Es wurde draußen sortiert, geröstet und ausgeschmolzen, wozu Wasserrinnen zum Waschen des Erzes und Röstöfen für die Aufbereitung gebaut und betrieben wurden. Auch der Bergbau ist ein Anzeichen dafür, dass die Kelten zwar dynamische, ungeduldige und disziplinlose Krieger gewesen sein mögen, aber zu Hause durchaus sorgfältige Arbeiter gewesen sein müssen. Denn der Bergbau war damals mit Sicherheit eine ungeheuer anstrengende Tätigkeit. Außerdem dürfte er im Winter betrieben worden sein, weil die Arbeitskräfte wohl bäuerlicher Herkunft waren und im Sommer Land bestellen mussten. Die Lebensbedingungen in den hoch gelegenen Gebirgstälern, in denen das Erz abgebaut wurde, waren wegen der Temperaturen – die Arbeitskräfte wohnten in Zelten – und der Luftbelastung durch den Rauch aus den Gruben sowie der Schwefeldämpfe von den Röstöfen wohl sehr schlecht.

DAS WAGENRAD

Die Kelten haben das Rad sicher nicht erfunden, aber sie haben es so vervollkommnet, dass es 2000 Jahre lang nicht mehr verändert werden brauchte – erst zu Beginn des 20. Jahrhunderts wurde das Rad der Kelten auf den großen Müllplatz der Technikgeschichte gebracht. Die Kelten trieben die Vervollkommnung des Rades vor allem deshalb voran, weil sie für viele Tätigkeiten Wagen benutzten, was damals keineswegs selbstverständlich war. Wagen dienten im Dorf, auf dem Gehöft oder im Oppidum all den Zwecken, für die wir uns auch heute noch ein Gefährt vorstellen können. Mit einem Wagen wurde der tote Fürst zu Grabe gebracht, und mit einem Wagen wurden die Krieger in die Schlacht gefahren.

Das Stellmacherhandwerk war bei den Kelten schon in der Hallstattzeit hoch entwickelt. Allerdings fanden sie eine Radtechnik vor, die schon recht weit gediehen war, denn die Doppelfelge hatte man schon vor den Kelten entwickelt. Die Erfindung der Kelten war das Speichenrad, das ganz aus Holz gefertigt wurde und zudem eiserne Bestandteile hatte: Die Felgen wiesen gegenüber dem Vorläufermodell doppelte Dicke auf, und die Innenfelge bestand aus einem einzigen kreisförmigen Holzstreifen, während die äußere aus mehreren bogenförmigen Holzteilen zusammengesetzt war, die der Krümmung der Innenfelge angepasst waren. Diese Teile und auch die Innenfelgen wurden mit Klampen zusammengehalten. Um nun dem Rad zusätzliche Stabilität zu verleihen, führte man die Speichenenden durch Innen- und Außenfelge hindurch und befestigte diese an einem Eisenreifen, der mit großköpfigen Nägeln auf dem Holz festgemacht wurde. Aber nicht der Eisenreifen bildete die Lauffläche, sondern die Köpfe der großen Nägel. Mit seiner neuen Eisenbereifung war dies für die Hallstattzeit schon ein recht vollkommenes Rad, das sich durch Elastizität, Stabilität und lange Lebensdauer auszeichnete. Dass es recht schwer war, spielte zu dieser Zeit kaum eine Rolle.

Gewichtsreduktion

Als man im 5. Jahrhundert mit dem Streitwagen Krieg führte, wurde eine leichtere und doch robuste Bauweise notwendig. Die keltischen Stellmacher wussten auch hier Rat: Die Felge wurde reduziert auf einen einzigen, nur fünf Zentimeter starken Holzstreifen, der gebogen und an der Nahtstelle verklammert wurde. Diese Felge verstärkte man mit einem nagellosen, aufgetriebenen Eisenreifen, der gleichzeitig die Lauffläche bildete. Das Ganze hielt dadurch zusammen, dass der Eisenreifen einen etwas kleineren Durchmesser aufwies als die Holzfelge an ihrer Oberkante. Der Eisenreifen wurde erhitzt, wobei er sich etwas dehnen ließ. Nun konnte man ihn aufziehen und erkalten lassen. Der Reifen zog sich wieder zusammen und hielt die Holzteile stramm im Griff. Das Rad der nächsten Jahrtausende war geboren – das schwere Holz der Doppelfelge wurde auf ein Minimum reduziert, die schweren Eisennägel waren verschwunden.

Der Ackerbau

Die Technik des keltischen Ackerbaus war der der Römer offenbar deutlich überlegen. In dieser Zeit kannte man zwei Arten von Pflügen: leichte Pflüge, die so genannten Ards, die eine Furche in den Boden scharrten, und schwere Pflüge, die eine Furche graben und zudem Erde aufwerfen konnten. Aus römischen Überlieferungen geht hervor, dass man die eisernen Pflugscharen der Kelten, die nicht nur eine Kerbe in den Boden rissen, sondern die Scholle im gleichen Arbeitsgang auch noch wendeten, als technisches Wunderwerk betrachtete. Denn vor der Aussaat musste der Boden zunächst aufgelockert werden, was allein mit einer Kerbe im Boden, die von einem einfachen Pflug hervorgebracht wird, nicht zufriedenstellend geschafft werden kann. In diesem Fall musste man in einem zweiten Arbeitsgang mit der Hacke den Boden vollends aufbrechen.

Der schwere Pflug

Der schwere keltische Pflug hingegen unterschied sich vom althergebrachten leichten Ard durch das Pflugmesser (den Kolter), der am Pflugbaum befestigt war und den Boden senkrecht schnitt, während er von der Schar zugleich horizontal geschnitten wurde. Die eigentliche raffinierte Erfindung war das so genannte Streichbrett, das sich hinter dem Kolter befand und das so gewinkelt war, dass der gelockerte Boden gedreht wurde. Der schwere Pflug wurde in der Regel von zwei Ochsen gezogen, die von einer Person geführt wurden, während hinter den Ochsen eine Person den Pflug lenkte. Man nimmt an, dass bei den Kelten der schwere Pflug den leichten Ard etwa in der Mitte des letzten Jahrtausends v. Chr. verdrängte, wenngleich er auch in Gegenden, in denen der schwere Pflug wegen der Geländebeschaffenheit nicht verwendet werden konnte, weiter zum Einsatz kommen musste.

Typen des Ards

Archäologische Funde zeigen, dass es vor der Erfindung des schweren Pflugs zwei Typen des Ards gab: Die einfachste Konstruktion war der so genannte Haken-Ard, der aus einer Deichsel zum Anschirren des Ochsen und der Sohle mit der eigentlichen Pflugschar, die aus einem einzigen Stück Holz gearbeitet war, bestand. Dagegen war der so genannte Stangen-Ard sehr viel komplizierter konstruiert, denn die Steuerstange (Sterz) und die Schar wurden durch ein Loch in der Basis des Pflugbaums geführt. Die Schwäche des Ards war zweifellos die hölzerne Schar-

spitze, die sich im Boden schnell abnützte. Beim einfachen Haken-Ard war mit dem Verschleiß der Spitze das gesamte Werkzeug unbrauchbar, während beim Stangen-Ard eine neue Schar eingesetzt werden konnte. Ausgrabungsfunde weisen allerdings darauf hin, dass die Kelten weder Holz- noch Steinschare benutzten, sondern dass eine lange Eisenstange an der Oberseite des Scharbaums so verkeilt wurde, dass sie nach vorne auf den Boden wies und beim Zug durch die Ochsen den Boden aufbrach. Wenn die Spitze durch Abnutzung zu kurz geworden war, konnte man die Stange nach vorne hämmern und damit der Spitze wieder die notwendige Länge verschaffen.

Eine weitere Technik bei der Gestaltung des Ards wurde ebenfalls von den Kelten entwickelt: Man umschloss die Spitze der hölzernen Pflugschar mit einem Eisenschuh, was zu einer besseren Schnittleistung im Boden führte. Zudem konnte man ohne großen Aufwand den Eisenschuh austauschen, wenn er sich abgenutzt hatte. Trotz dieser Verbesserungen der Ards musste, wollte man nicht mit der Hacke hinter dem Pflug mit der Hand nacharbeiten, offenbar jeder Acker zweimal gepflügt werden, wobei der Bauer im rechten Winkel zum ersten Durchgang ging. Durch das kreuzweise Pflügen durchbrach man die erste Furche von der Seite her und warf so die Erde auf. Es ist anzunehmen, dass das kreuzweise Pflügen in ganz Europa allgemein üblich war, denn man konnte an vielen Orten unter späteren Erdaufschüttungen Ackerflächen ausgraben, die in dieser Weise gepflügt wurden.

Landwirtschaftliche Erschließung

Mit den von Ochsen gezogenen Ards wurden von den Bauern weite Teile Europas landwirtschaftlich erschlossen. Die Kelten dürften eine Landschaft vorgefunden haben, in der sich der Ackerbau nicht mehr nur auf Waldlichtungen beschränkte, sondern schon weite zusammengewachsene Flächen bewirtschaftet wurden. Trotzdem waren riesige Flächen mit dichtem Wald bedeckt: Die Buche war der vorherrschende Baum in den mitteleuropäischen Wäldern, wobei in den wärmeren Gegenden Mischwälder von Buchen und Eichen am häufigsten anzutreffen waren. Dichte Mischwälder von Buchen und Tannen gab es am Alpenrand und in den Alpen bis hinauf an die Baumgrenze, wo häufig lichte Kiefernwälder den Abschluss der Vegetation bildeten. Solche Kiefernwälder waren auch in den Schotterflächen der großen Wasserabflüsse der Nordalpen Isar, Lech, Inn und Donau anzutreffen. Durch den Einsatz des Eisens im Ackerbau hatten die Kelten jedoch maßgeblichen Anteil daran, dass sich die urbanen Landschaftsflächen rasch ausbreiteten. Denn nicht nur das Pflügen wurde durch den Einsatz von eisernen Werkzeugen immer effektiver, sondern auch das Roden konnte durch Äxte mit Eisenschneide statt der vorher üblichen Steinäxte vereinfacht werden. Auch erleichterten Beile und Sägen das Fällen von Bäumen.

Durch den schweren Pflug der Kelten wurde der Ackerbau so effektiv, dass auch die bevölkerungsreichen Oppida mühelos mit Lebensmittel versorgt werden konnten.

Werkzeuge und Geräte

Das Eisen kam für die Werkzeugmacher wie eine Erlösung, denn gegenüber der relativ weichen Bronze ermöglichte dieses wesentlich härtere Metall vielfältige neue Anwendungsmöglichkeiten bei wesentlich geringerem Materialaufwand und weniger Gewicht.

So ließen sich beispielsweise Schneidewerkzeuge einfach mit Heftzapfen an den Griffen befestigen, das Material und Gewicht sparende Schaftloch konnte die Funktion der langen Schaftröhre bei Keilhauen, Beilen und Äxten übernehmen und so weiter. Auch in sich federnde Werkzeuge, wie die federnden Bügelscheren mit zwei Klingen, die für die Schafschur verwendet wurden, wurden nun mit dünn ausgeschmiedetem Eisen hergestellt. Viele Werkzeuge, die wir heute verwenden, haben ihren technischen Ursprung bei den Kelten. Pinzetten, Fischspeere, Messer in vielfältiger Gestalt für die unterschiedlichsten Funktionen, Sicheln zum Schneiden des Getreides, kleinere Sicheln zum Abstreifen von Blättern, Sensen, Baummesser mit langem Griff zum Schneiden von Schilf oder zum Abhacken von Zweigen als Grobfutter für das Vieh, Haken, Nägel, Stifte, Klampen, Holzfällungs- und Holzbearbeitungswerkzeuge wie Äxte, Sägen, Feilen, Bohrer und Meißel. Die meisten Werkzeuge dienten sicherlich der Holzbearbeitung, denn das Roden beziehungsweise Baumfällen war nicht nur durch Rodungsmaßnahmen bedingt, sondern vor allem durch den großen Holzbedarf der Kelten.

Man sollte auch nicht vergessen, dass die Werkzeuge der Schmiede selbst sich revolutionär veränderten: Schwerstes Werkzeug war nötig, um das harte Metall schmieden zu können: schwere Hämmer zum Schmieden des Eisens, Zangen zum Halten und eiserne Ambosse. Zudem brauchten die Schmiede schwere Stichel und Meißel zum Durchbohren und Schneiden des Metalls. Der kleine Feldamboss, den man in einen gut erhaltenen Baumstumpf hämmerte, gehörte dagegen zu den Werkzeugen, die man mühelos herumtragen und für die Reparatur von landwirtschaftlichen Werkzeugen auf dem Feld verwenden konnte.

Herstellung von Wollgewebe

Es gab aber auch Bereiche, in denen nur wenig Eisenwerkzeug gebraucht wurde – ein wichtiges Beispiel ist die Herstellung von Wollgeweben. Die Schafe wurden zum Teil mit scharfen Messern und federnden Bügelscheren mit zwei Klingen geschoren, in der Regel aber gerupft. Nach der Schur wurde die Wolle auf einer Handspindel mit einem Wirtel aus gebranntem Ton gesponnen und auf einem aufrecht stehenden Webstuhl zu Tuch gewebt. Bei der Verarbeitung der Wolle zu Tuch kam man ganz ohne Eisen aus: Die Webstuhlgewichte bestanden meist aus Stein oder Ton, und alle anderen Teile des Webstuhls, wie beispielsweise das Schiffchen und der Spatel, waren aus Holz, manchmal auch aus Knochen gefertigt. Das Nähen war damals noch eine recht grobe Angelegenheit, sodass dicke Nadeln aus Hartholz oder aus Knochen durchaus ihren Dienst taten. Später aber wurde wegen den gestiegenen Ansprüchen an die Textilien mit feinen Eisennadeln genäht.

Werkzeuge aus Holz

Welche Werkzeuge aus Holz gefertigt wurden, ist kaum bekannt, weil sie bei den Ausgrabungen nach so langer Zeit im Allgemeinen nicht mehr zu identifizieren sind. Doch hat sich in manchen Depots eine ausreichende Menge voll Wasser gesogenen Materials erhalten, das die Verwendung von Holzwerkzeug im Prinzip beweist. So wurden Werkzeuggriffe, Behälter, Schaufeln, Schlegel, Löffel und eine Fülle anderer Gegenstände aus dem in Hülle und Fülle vorhandenen natürlichen Material hergestellt. Neben Metall und Holz kamen noch Stroh und biegsame Zweige zum Einsatz, aus denen Gebrauchsgegenstände wie Körbe und Matten geflochten wurden. Zudem knüpfte man aus geeigneten Materialien Netze für das Fischen und für den Hausgebrauch.

Leben und Gesellschaft

Der Beginn der eigentlich »keltischen« Gesellschaft kann etwa auf das 8. Jahrhundert v. Chr. datiert werden. Zu dieser Zeit schälten sich aus dem ethnisch unklaren Hintergrund der Urnenfelderzeit die Umrisse eines Volkes immer klarer heraus, das sich aufgrund der Ausgrabungsfunde von den Nachbarvölker deutlich unterscheiden lässt. So weit man die gesellschaftlichen Verhältnisse der Stämme beziehungsweise Völker der Urnenfelderkultur kennt, waren dort alle Elemente in weniger ausgeprägter Form vorhanden, die das keltische Volk mehrere Jahrhunderte lang prägen sollten.

Die Dreiteilung

In der religiösen Ideologie aller Indoeuropäer lässt sich eine typische Dreiteilung erkennen, nach der sowohl die Welt der Götter als auch der Menschen organisiert ist. Im Bereich der Menschen sieht die grundsätzliche Dreiteilung folgendermaßen aus:

♦ Erste Klasse »Priester«: religiöse Aufgaben
♦ Zweite Klasse »Krieger«: Krieg, Zauberei
♦ Dritte Klasse »Hersteller«: Viehzucht, Ackerbau, Handwerk, Genuss

In der keltischen Welt wurde diese Dreiteilung traditionell nachvollzogen, denn auch die Kelten waren Indogermanen:

♦ Erste Klasse »Priester« (Druiden): Verabreichung des Heiligen, Macht über die Zulassung der Mitglieder der zweiten und dritten Klasse zum Heiligen (absolute, spirituelle Autorität)

♦ Zweite Klasse »Krieger« (auch Könige und Adlige): militärische Aufgaben (Krieg und Schutz – seine Macht war auch im militärischen Bereich auf die Bereiche eingeschränkt, die nicht durch Druiden beansprucht wurden), Magie

♦ Dritte Klasse »Hersteller«: Viehbesitzer, Handwerker

In der keltischen Variante war den Mitgliedern der Krieger- und Produktionsklasse der Zugang zur ersten Klasse absolut versperrt, auch laienhafte Betätigung bei den religiösen Diensten war undenkbar. Den Druiden dagegen stand die Möglichkeit offen, sich in den anderen Klassen zusätzlich zu betätigen. Auch konnten sie jederzeit auf die Geschehnisse, die die anderen Klassen betrafen, massiv Einfluss nehmen. Während die erste und die zweite Klasse einfach abzugrenzen sind, ist dies bei der dritten Klasse schwieriger. Die Aufgaben der dritten Klasse haben wohl alles umfasst, was nicht in den Aufgabenbereich der ersten und zweiten Klasse gehörte.

Die keltischen Könige, die es nicht bei allen Stämmen gab, gehörten der zweiten Klasse an und waren gleichzeitig deren Oberbefehlshaber. Auch die anderen Adligen waren in dieser Klasse einzuordnen.

Zur klassischen Einteilung kommen in allen Kulturen der Antike – und auch bei den Kelten – noch die Sklaven und Hörigen hinzu. Sie bildeten aber keine eigene Klasse, sondern stellten die unterste Schicht der dritten Klasse dar.

Die keltische Gesellschaft in der Hallstattkultur

Allein die Ausgrabungen von Gräbern aus der Hallstattzeit geben uns heute einen Einblick in die Gesellschaftsstruktur der keltischen Stämme zwischen dem 8. und 4. Jahrhundert v. Chr. Überlieferungen gibt es aus dieser Zeit nur von den Griechen, denen allerdings Detailwissen über die Kelten zu dieser Zeit vollkommen fehlte. Das Stammesgebiet war ursprünglich auf Böhmen und Bayern begrenzt, verlagerte sich jedoch im 6. Jahrhundert in westliche Richtung nach Südwestdeutschland, in die Schweiz und nach Ostfrankreich. Für die Kelten hatte die neue Lage den geografischen Vorteil, in die Nähe des neu gegründeten griechischen Hafens Massalia (Marseille) siedeln, den Handel mit Mittelmeergütern besser abwickeln und die neuen Handelsrouten kontrollieren zu können. Denn der Wohlstand, in dem Teile der keltischen Bevölkerung in der Hallstattzeit lebten, war nur durch intensiven Handel mit Bodenschätzen und Artikeln aus den eigenen Gebieten im Tausch mit den begehrten Konsumartikeln aus dem Mittelmeerraum, vor allem aber Wein, denkbar.

Arm und Reich

Die vielen archäologisch freigelegten Gräber aus dieser Epoche zeigen, dass es mehrere streng voneinander getrennte Schichten in der Gesellschaft gab, die ihre Toten nach unterschiedlichen Riten beisetzten: Die bäuerliche Bevölkerung bestattete ihre Toten nach wie vor nach der Methode der Urnenfelderkultur in schlichten Brandgräbern, während eine offensichtlich herrschende Bevölkerungsschicht die Verstorbenen in einer ausgesprochen luxuriösen Art und Weise zu Grabe trug. Die Wurzeln dieser sehr ungleichen Gesellschaftsstruktur waren jedoch schon in der Urnenfelderkultur zu finden – nur scheint sich die Schere zwischen Arm und Reich in der Zwischenzeit enorm geöffnet zu haben. Denn die Gräber der Reichen demonstrierten angesichts der Umstände dieser Zeit einen geradezu unglaublichen Überfluss, der bei den Armen zweifellos Neid und Missgunst erzeugen musste. Angesichts dessen überrascht es nicht besonders, wenn man revolutionsartige Vorgänge für das abrupte Verschwinden dieses blühenden Teils der keltischen Kultur im 4. Jahrhundert v. Chr. vermutet.

Militärische Strukturen zum Schutz der Aristokraten

Neben diesen beiden extrem gegensätzlichen Schichten existierte offensichtlich noch die Schicht der Krieger, die in größerer Anzahl auf denselben Friedhöfen wie die Aristokraten begraben wurden. Vielen von ihnen wurde ihr Langschwert aus Bronze oder Eisen und/oder das Zaumzeug ihres Pferdes mit ins Grab gegeben, anderen nur ihr Messer, wieder andere Krieger wurden ohne Beigaben bestattet. Es scheint auch sehr wohlhabende

Krieger gegeben zu haben, die möglicherweise selbst den »Fürstenfamilien« entstammten, denn manche wurden sogar zusammen mit ihrem Leichenwagen, ihren Waffen und anderen wertvollen Beigaben in hölzernen Grabkammern zur letzten Ruhe gebettet. Es wird vermutet, dass hier eine Hierarchie unter den Kriegern zu Tage tritt, die sich vielleicht am Tapferkeitsgrad und den geleisteten ruhmreichen Taten orientierte, denn eine streng geordnete militärische Rangordnung dürfte bei den Kelten bis zu den von gallischen Kriegsherren streng geführten Heeren im 1. Jahrhundert v. Chr. nicht existiert haben.

Alle diese Funde in den Gräbern beweisen, dass es eine reiche Aristokratenschicht gegeben haben muss, die sich einerseits durch viele Krieger schützte und mit ihnen auch die Macht hatte, Gebietsansprüche zu stellen und diese durchzusetzen. Die Versorgung dieser Oberschicht samt ihren Kriegern leistete eine bäuerliche Schicht, die offensichtlich in ärmlichen Verhältnissen lebte. Die aristokratische Schicht fand aber nicht nur an den Waren aus dem Mittelmeerraum Gefallen, sondern förderte zudem das Aufkommen einer einheimischen keltischen Kunst, die schon in der Hallstattkultur beeindruckende Leistungen vollbrachte.

Der vollständige gesellschaftliche Zusammenbruch

Die erste Welle der keltischen Wanderungen hinterließ in den heimatlichen Regionen die Verwüstung der vorher so blühenden Hallstattkultur. Die gesellschaftlichen Strukturen hatten aufgehört zu existieren – und niemand weiß heutzutage, wie es zu dieser Katastrophe gekommen war. Wie bereits erwähnt, ist der plausibelste Erklärungsansatz wohl der, der eine soziale Revolution der armen gegen die reiche Bevölkerungsschicht vermutet. Denn der vorhandene Überfluss wurde offensichtlich nicht in der Gesellschaft verteilt, sondern bündelte sich allein in der Oberschicht. Volkswirtschaftlich gesehen dürfte dieser Überschuss aber nicht binnenwirtschaftlich erwirtschaftet worden sein, sondern der Konsum verursachte über die Einfuhr der begehrten Waren hohe Kosten, die nicht ausgeglichen werden konnten und auf die armen Bevölkerungsschichten abgewälzt wurden. Hinzu kommt, dass mit der Tradition der reichlichen Grabbeigaben volkswirtschaftliche Güter sogar vernichtet wurden, denn all das, was man heute an wertvollen Gegenständen in den Gräbern findet, wurde

der Volkswirtschaft der keltischen Stämme unwiderruflich entzogen. Mit der Zeit könnten die Lebensbedingungen der Armen derart unzumutbar geworden sein, dass Aufstände begannen, denen man schließlich nicht mehr Herr geworden ist. Ob es weitere Gründe für den Untergang gab, wie zum Beispiel eine massive Klimaveränderung, soziale Spannungen aufgrund von Überbevölkerung oder Ähnliches – darüber kann heute nur spekuliert werden.

DIE ZEIT DER WANDERUNGEN

Von welchen Ursachen auch immer getrieben, kam es im 4. Jahrhundert v. Chr. zur ersten Wanderungswelle. Vermutlich waren es die Nachkommen der Fürsten aus der Hallstattzeit, die in den Wirren der Heimat keine Zukunft mehr sahen. Sie scharten Gefolgsleute um sich und begannen, die Heimat zu verlassen.

Eine eher ziellose Wanderungsbewegung

Eine organisierte Wanderungsbewegung kam bei den Kelten nie zustande: Stämme oder Stammesteile zogen, ohne ein bestimmtes Ziel vor Augen zu haben, einfach los. Die Richtungen waren insoweit vorgegeben als man nicht nach Norden und Osten ziehen konnte, weil die dort ansässigen germanischen Stämme als sehr wehrhaft galten und man eine Konfrontation mit ihnen naturgemäß vermeiden wollte. Also zog man vorwiegend nach Süden und Westen, wobei man sich zeitweilig niederließ, dann wieder weiterzog, sich wieder niederließ, manchmal auch zurückwich und so weiter. Weil sich diese Wanderungen über längere Zeiträume ausdehnten, ist eher von einer Einsickerung in fremde Gebiete zu sprechen als von Eroberungszügen.

Nur selten kam es in dieser Zeit zu kriegerischen Auseinandersetzungen, denn die einheimische Bevölkerung duldete die fortschrittlicheren Kelten in der Regel nicht ungern. Erst als die Stämme nach der ersten Wanderungswelle etwas sesshafter wurden, unternahm man ausgedehnte Kriegs- und Raubzüge, ausgehend von den keltisierten Gebieten. Die bekanntesten kriegerischen Auseinandersetzungen waren die mit Etruskern und später von deren eroberten Gebieten ausgehend die Kämpfe gegen die Römer, die mit der siegreichen Schlacht an der Allia und der folgenden Besetzung Roms 385 v. Chr. ihren Höhepunkt fanden.

Über die gesellschaftlichen Strukturen der Stämme während den Wanderungen ist kaum etwas bekannt. Es könnte auch sein, dass sich gar nicht ganze Stämme aufmachten, sondern dass sich zufällig zusammengewürfelte Splittergruppen auf den Weg in die Fremde machten. Auch die große Anzahl von Kriegern, die nach dem Kampf gegen die Etrusker in die römischen Gebiete eindrangen, dürften sich eher zufällig zu einem mächtigen Kampfes-»Haufen« als zu einem organisierten Heer zusammengefunden haben. Es waren eher die Masse und die enorme Dynamik, die solchen »Verbänden« eigen waren und die einen Sieg gegen das römische Heer überhaupt ermöglichten.

Vermutlich muss zwischen den Plünderungszügen der kriegerischen Horden und den Wanderungen von Stämmen grundlegend unterschieden werden. Die Krieger nahmen oft den gleichen Weg wie die Siedler, stießen aber viel weiter vor. Wie viele der Krieger nach dem Ende der Kriegszüge bei den Siedlern blieben und sich auf Dauer niederließen oder wie viele in die Heimat zurückkehrten, kann von den Historikern nicht mehr rekonstruiert werden.

Ganz wehrlos zogen die keltischen Stämme aber sicherlich nicht durch die Gegend, denn jeder wandernde Kelte, auch der ärmste, war zumindest mit Schild und Schwert ausgerüstet, sodass er Widerständen der Einheimischen und Verteidigungsangriffen durchaus schlagkräftig begegnen konnte. Unter diesem Gesichtspunkt betrachtet, war wohl die Große Wanderung unter keinem Aspekt gesehen völlig friedfertig.

DIE KELTEN WERDEN SESSHAFT – DIE OPPIDA

Ausschlaggebend für die Art der gesellschaftlichen Ordnung ist auch die Siedlungsweise, denn in einer größeren Siedlung muss das Zusammenleben strenger organisiert werden als in kleinen Dörfern oder gar in Weilern. In der Hallstatt- und in der Latènezeit waren neben den großen Ansiedlungen innerhalb der Hügelfestungen Gehöfte oder Weiler üblich, die meist in lockeren Gruppen in einer landwirtschaftlich genutzten Landschaft standen. Es handelte sich um einfache, aber solide gebaute Holzhäuser (auf dem Kontinent meist in eckiger, auf den Britischen Inseln häufig in runder Bauweise), in denen man nicht nur wohnte, sondern auch arbeitete. So wurde das Getreide dort gemahlen und gelagert, Brot gebacken, die Kleidung hergestellt – kurzum: alle Arbeiten getan, die man nicht im Freien verrichten konnte. An-

grenzende Schuppen und Stallungen ergänzten das Anwesen. Gelegentlich waren mehrere Anwesen durch eine Umfriedung zusammengefasst, in der normalerweise eine Großfamilie lebte.

Es gab aber auch Dörfer, in denen die verschiedenen Anwesen eher zwanglos gruppiert waren – ohne dass sie einen definierbaren Mittelpunkt gehabt hätten. Sie waren meist in der Nähe der Fürstensiedlungen zu finden, wo die Landwirtschaft zur Versorgung der Großsiedlung oder – ungefähr ab dem 2. Jahrhundert v. Chr. – eines Oppidums intensiv betrieben wurde und eine dörfliche Arbeitsteilung ihren Sinn hatte.

In den Oppida selbst bildete sich eine Gesellschaftsstruktur, die der in mittelalterlichen Städten beispielsweise schon recht ähnlich war. Die wertvollsten Kenntnisse, die man über keltische Oppida gewinnen konnte, sind den Ausgrabungen des Oppidum Manching an der Donau, unweit der heutigen Stadt Ingolstadt, zu verdanken. Diese keltischen Städte waren Zentren des Handwerks und des Handels mit Rohstoffen, landwirtschaftlichen Erzeugnissen sowie Gebrauchs- und Kunstgegenständen.

DIE PSYCHE DER KELTEN

Wie es um die Psyche der Kelten bestellt war, welche typischen Charakterzüge man bei ihnen ausmachen konnte – darüber gibt es nur Überlieferungen von ihren Feinden. Zusätzlich zu diesen sicher nicht sehr objektiven Berichten kann aber auch beispielsweise ihre Siedlungsweise, ihr Verhalten auf den großen Wanderungen der keltischen Stämme und ihre gesellschaftliche Struktur herangezogen werden, auf die man aufgrund von Ausgrabungsfunden schließen kann.

Hitzköpfig, disziplinlos und erregbar im Kampf

In den Überlieferungen der Römer spiegelt sich nach der Besiedlung der gesamten Nordhälfte der apenninischen Halbinsel und den folgenden Kriegs- und Plünderungszügen keltischer Stämme bis nach Apulien zunächst das blanke Entsetzen über die »Barbaren« aus dem Norden. Besonders das Verhalten der keltischen Krieger während des Kampfes und die Besetzung und Plünderung ihrer Stadt versetzte den Römern einen nachhaltigen Schock. Mit ihrer Hitzköpfigkeit, Erregbarkeit und Disziplinlosigkeit erschreckten die Kelten die Römer so, dass die größte Niederlage Roms im Jahre 387 v. Chr. möglich wurde. Zu unerfahren war das römische Heer, um der Wildheit und enormen Aggressivität der keltischen Krieger standhalten zu können. Auch Äußerlichkeiten dürften die Römer stark irritiert haben, hatten die Kelten doch die abgeschlagenen Köpfe ihrer Feinde in die Mähne ihrer Pferde gebunden. Zudem trugen sie Helme mit hoch aufragenden Aufsätzen, wie zum Beispiel eisernen Hörnern oder Tierköpfen, die ihnen ein Furcht erregendes Aussehen gaben. Riesige Schilde aus Holz und Leder, die bei wohlhabenden Kriegern auch mit Bronze beschlagen waren, ver-

vollständigten das abschreckende Bild eines keltischen Kampfverbandes. Ihre Angriffe pflegten sie mit infernalischem Lärm zu untermalen, der durch Kriegsgebrüll, das Blasen der großen misstönenden Kriegstrompeten (Carynx) mit ihren geöffneten Tiermäulern nachempfundenen Schalltrichtern und durch das Hämmern auf die Flanken der Kriegswagen zustande kam.

Tapferkeit – die Voraussetzung für gesellschaftliche Anerkennung

Dieser Urgewalt konnten die Römer erst Jahrhunderte danach etwas entgegensetzen, als sie die Disziplinlosigkeit und die damit verbundene fehlende Kampfstrategie der Kelten kühl ausnützten. Allerdings lernten die Kelten von ihren Feinden: Denn in den Kämpfen um Gallien in den letzten Jahrzehnten v. Chr. trafen die römischen Legionen auf eine strategisch wohl geordnete Kriegsführung der

Gallier, die von ebenbürtigen keltischen Feldherren geplant worden war. In den Jahrhunderten davor jedoch war es der einzelne Krieger, auf den es ankam: Er musste durch heroische Taten auffallen, um in der eigenen Gesellschaft anerkannt zu werden. Mit dieser gesellschaftlich geforderten Tapferkeit stachelten sich die Kelten während des Kampfes gegenseitig an. Das hatte zur Folge, dass sie immer grausamer gegenüber Feind und Bevölkerung wüteten, bis die Kräfte nachließen. Ihre Disziplinlosigkeit wurde ihnen aber mit der fortschreitenden Entschlossenheit ihrer Feinde zum Verhängnis, denn sie verloren schnell die Übersicht über das Kampfesgeschehen und gerieten in Panik, wenn der Feind mit strategischen Mitteln die Oberhand gewann. An einen geordneten Rückzug war dann nicht mehr zu denken – die Kelten schlugen blindwütig um sich, bis jeder einzelne von ihnen niedergekämpft war. Zum Teil flohen sie panisch vor den Gegnern und stifteten damit heillose Verwirrung in den eigenen Reihen. Beispielhaft dafür war die Schlacht zwischen Römern und Kelten in der Toskana im Jahre 225 v. Chr. Hier gelang es den Römern, das riesige keltische Heer in die Zange zu nehmen und es vernichtend zu schlagen.

Zweikämpfe entscheiden die Schlacht

Um ihre Tapferkeit deutlich zur Schau zu stellen, begaben sich keltische Krieger vor dem Beginn des Kampfes zwischen die Linien und forderten mit Gebärden und Beschimpfungen gegnerische Soldaten zum Zweikampf. Wenn es dazu kam, schauten die Kelten ruhig zu und waren nicht abgeneigt, den Ausgang eines solchen Zweikampfes als entscheidend für Sieg oder Niederlage des ganzen Kampfverbandes zu betrachten. Insbesondere wurden Auseinandersetzungen zwischen keltischen Stämmen untereinander häufig in dieser Weise beigelegt. Dieses Verhalten steht wiederum im Widerspruch zur ansonsten gezeigten Disziplinlosigkeit im Kampf. Es wird den Druiden, also den »Priestern« der Kelten zugeschrieben, dass auf ihr Einschreiten hin kein großes Blutvergießen erfolgte, sondern mit einer Anzahl von Zweikämpfen die Schlacht geschlagen wurde. Wie aus Überlieferungen Caesars zu entnehmen ist, scheint es selbst in den römisch-gallischen Kämpfen zu Versuchen der Druiden gekommen zu sein, das Blutvergießen zu verhindern. Allerdings ließ sich Caesar einen einmal gewonnenen strategischen Vorteil auch durch einen keltischen Priester nicht mehr nehmen.

Die römischen Überlieferungen enthalten auch einen Beweis dafür, dass es im 3. Jahrhundert v. Chr., also lange nach dem Ende der feudalistischen Hallstattperiode, bei den Kelten wieder große soziale Unterschiede gab. Es wird vom römischen Dichter Ennius, später auch von Caesar, berichtet, dass es sehr gut ausgerüstete, offensichtlich reiche beziehungsweise adlige Krieger gab, die von ihren »Anhängern« schützend umgeben waren. Hierbei handelte es sich offenbar um Dienst- oder Gefolgsmänner beziehungsweise Sklaven, die sich auch während des Kampfes um das Wohl und die Sicherheit ihres Herrn bemühten.

Die Feste und Gelage der Kelten

Auch in Friedenszeiten trat das Ungestüme der Kelten deutlich zu Tage. Es zeigte sich insbesondere in ihrer Art, Feste zu feiern: Wichtigster Punkt war das Trinken! Dass die wohlhabenden Kelten reichlich Wein aus der Mittelmeerregion einführten, ist von der Hallstattzeit bis zum Ende der keltischen Ära eindeutig belegt. Weniger bekannt ist indes, dass die ärmeren Bevölkerungsschichten Weizenbier, manchmal mit Honig vermischt, tranken. Sowohl Wein als auch Bier wurden auf den Festen in großen Mengen aus riesigen Gefäßen getrunken, die reihum gingen. Dazu wurde auf Spieß gebratenes Fleisch, vor allem Schweinefleisch, gegessen. Die nach der Tapferkeit bemessene Rangordnung spielte offenbar auch bei den Festen eine große Rolle: Denn der Mann, der sich für den Tapfersten hielt, beanspruchte das beste Stück Fleisch – wurde es ihm nicht streitig gemacht, war er als Ranghöchster in der Runde anerkannt. Wurde allerdings der Zuteilung von einem der Anwesenden widersprochen, weil dieser sich Hoffnung machte, als Ranghöchster anerkannt zu werden, kam es unausweichlich zu einer Auseinandersetzung zwischen den beiden Männern, in der es durchaus auch zum blutigen Kampf mit unter Umständen tödlichem Ausgang kommen konnte. Häufig wurde der Zweikampf auch nur simuliert, was wiederum auf eine gewisse, den anderen Überlieferungen widersprechende Besonnenheit hinweist. Es konnte schließlich nicht im Sinne der Stämme sein, dass die besten Männer und mutigsten Krieger durch solche Rituale entweder schwer verletzt oder gar getötet wurden.

Eine eindeutige Sitzordnung verhindert Eifersüchteleien

Auf jeden Fall beweisen derartige Sitten, dass Eifersucht und Empfindlichkeit den Kelten keineswegs fremd waren. Ihr aufbrausender Charakter zeigte sich also nicht nur auf dem Schlachtfeld, sondern auch zu Hause im Kreise ihres Stammes. Ein Fest dürfte solchen Charakteren die Möglichkeit gegeben haben, ihre Unrast und ihr Temperament auszuleben, um anschließend wieder einer geordneten Tätigkeit innerhalb der Gemeinschaft nachgehen zu können. Prahlereien, versteckte Drohungen, Trunkenheit, Gewalt – ein solches Fest dürfte einem Pulverfass mit offener Lunte geglichen haben.

So war es auch nicht verwunderlich, dass eine eindeutige Sitzordnung vorgeschrieben war, die exakt die Machtverhältnisse im Stamm widerspiegelte: Beim Essen saßen die Feiernden an ringförmig angeordneten Tischen im Kreis. Gegenüber der Öffnung im Ring des Tisches, durch die das Essen aufgetragen wurde, fanden der Gastgeber und der ranghöchste Gast ihren Platz, während beiderseitig neben ihnen die Rangnächsten saßen. Hinter ihnen standen die Schildträger, während gegenüber im anderen Halbrund des Kreises die Speerwerfer saßen und mit ihren Herren aßen und tranken. Diese Tischordnung wurde uns übrigens von Athenaios überliefert – einem griechischen Schriftsteller, der um 200 n. Chr. lebte. Er zitiert die Ess- und Trinkgewohnheiten der Kelten aus einer Abhandlung des Historikers Poseidonios (2./1. Jahrhundert v. Chr.), in dessen Hauptwerk, das nur noch in Fragmenten erhalten ist, im 23. Buch (von 52 Bänden) eine ausführliche Schilderung der keltischen Kultur zu finden war.

DIE ROLLE DER FRAUEN IN DER KELTISCHEN GESELLSCHAFT

Zwar war die keltische Gesellschaft streng patriarchalisch strukturiert, doch war die Rolle der Frauen offenbar vielschichtiger definiert als bei den Germanen und den antiken Völkern. Caesar berichtet, dass die Männer die absolute Gewalt über das Leben und den Tod von Frau und Kindern hätten, dass aber andererseits die Frauen trotzdem ungewöhnliche Rechte genossen. Einschränkend muss allerdings angeführt werden, dass die Überlieferungen Einzelfälle verallgemeinernd beschrieben und/oder dass sich manche der ungewöhnlichen Strukturen nur auf bestimmte Schichten, vermutlich nur auf die Adelsschicht, bezogen haben könnten.

Das strenge Patriarchat

Die Frau war stark an ihren Mann gebunden. Zuweilen kam es vor, dass die Frau nach dem Tod des Mannes am Grab getötet wurde, um auch im Tod bei ihm zu bleiben. Auch wenn normalerweise in allen Schichten die Einehe gebräuchlich war, konnte ein Mann rechtmäßig durchaus mehrere Ehefrauen haben. Besonders beim Adel kam es vor, dass aus außenpolitischen Erfordernissen heraus mehrmals geheiratet wurde. Immerhin wurden die Frauen dafür entschädigt beziehungsweise für die Zukunft abgesichert, indem der Adlige Ländereien verpachten musste, deren Pachtzins und das Land selbst dem überlebenden Teil später zufiel. Ein weiterer Aspekt, der von römischen Quellen überliefert wurde, könnte von Bedeutung gewesen sein: Im extremen Gegensatz zu den Germanen und den Römern, aber durchaus im Einklang mit den Griechen, sollen die keltischen Männer die so genannte Knabenliebe geschätzt haben.

Die ungewöhnlichen Rechte der keltischen Frauen

Drei für die römischen Berichterstatter höchst ungewöhnliche Rechte der Frauen, die allerdings auch gar keine für alle verbindlich geltenden Rechte, sondern nur Einzelfälle gewesen sein könnten, standen im krassen Widerspruch zur patriarchalischen Familienstruktur der Kelten:

Erstens soll es die Möglichkeit einer weiblichen Herrschaftsfolge bei Töchtern und hinterbliebenen Ehefrauen von Fürsten gegeben haben, die in Einzelfällen sowohl historisch als auch archäologisch belegt werden kann. Denn prächtig ausgestattete Gräber, in denen Frauen gefunden wurden, lassen auf die Macht und den Einfluss der Verstorbenen schließen. Es könnte aber auch sein, dass die Macht der Frauen gegebenenfalls im Zusammenhang mit der Macht ihrer Männer gestanden hat. Wenn die wenigen Einzelfälle, die durch äußerst reiche Grabbeigaben auffallen, beweisen sollen, dass in diesen Gräbern tatsächlich Herrscherinnen bestattet wurden, dann musste bei den Kelten allgemein auch eine politisch-gesellschaftliche Struktur existiert haben, die die Herrschaft von Frauen zuließ.

Zweitens sollen in einigen keltischen Gebieten grundsätzlich Frauen geherrscht haben; so könnte dies zum Beispiel bei einem keltischen Stamm der iberischen Halbinsel, den Kantabrern, der Fall gewesen sein.

Und drittens sollen die keltischen Frauen sexuell sehr freizügig gewesen sein, wenn man den römischen Berichten Glauben schenken will. Allerdings weisen in diese Richtung auch gälische Sagen des Mittelalters, nach denen das Recht verheirateter Frauen auf ihren Körper auch durch die Ehe ungeschmälert blieb. Aber auch hierbei könnte es sich um eine auf den Adelsstand beschränkte Freizügigkeit handeln, denn es sind Fürstinnen, die in den Erzählungen Männern für bestimmte Dinge die »Lust ihrer Schenkel« anbieten. Trotzdem gebietet es die Rücksicht auf die historische Verantwortung gegenüber den Kelten, dass solche Erzählungen mit Vorsicht behandelt werden.

Das Bild der keltischen Frau in der Gesellschaft bleibt diffus

Will man die Rolle der keltischen Frau objektiv beurteilen, stößt man in den Quellen der Archäologie und in den Überlieferungen auf ein reichlich diffuses Bild, weil beide Quellenbereiche wenige ungewöhnliche Vorkommnisse sehr stark in den Vordergrund rücken. Letztendlich bleibt das Wissen über die keltische Frau eigentlich auf den Adelsstand beschränkt, weil diese Schicht eben als interessant für den berichtenden Zeitzeugen galt. Zudem waren die römischen Zeitzeugen nur an der Reaktion der Menschen in ihrer Heimat auf ihre Berichte interessiert und interpretierten die Realität wohl eher beliebig. Auch in der Archäologie stellen wenige auffällige Funde vor allem die Oberschicht ins Rampenlicht, wogegen Alltagsfunde wie Spinnwirtel und Webgewichte, Nähnadeln und Textilreste, alltäglicher Schmuck, Bildnisse von Lasten tragenden Frauen und Ähnliches eher nur am Rande erwähnt werden, weil es Funde sind, die man im Zusammenhang mit der gesellschaftlichen Stellung der Frauen in dieser Zeit ohnehin erwartete.

So können wir über das Leben der Frauen im keltischen Alltag kaum etwas anderes sagen, als dass sie nur in den wenigsten Fällen politische Macht ausübten. Andererseits verrichteten sie Arbeiten, die die Rolle ihres Geschlechts seit Jahrtausenden bestimmen und wesentlich zum wirtschaftlichen Wohlstand ihres Volkes beitrugen.

DIE HÖRIGEN UND SKLAVEN

Sklaven und Sklavinnen war bei den Kelten weit verbreitet und bildeten als Teil der horizontalen Dreiteilung neben Adel und Volk die unterste Schicht der Gesellschaft, gleichzeitig aber stellten sie auch einen wichtigen Wirtschaftsfaktor dar. Vor allem Kriegsgefangene oder verschleppte Zivilpersonen aus Kriegsgebieten, zahlungsunfähige Schuldner oder die Opfer von Sklavenjägern wurden als Sklaven verwendet. Eine Sondergruppe unter den Sklaven waren die bereits aufgeführten zahlungsunfähigen Schuldner, die im Allgemeinen als Hörige bezeichnet wurden. Zu den Hörigen zählten auch Personen, die sich ausdrücklich unter den Schutz einzelner Adliger begaben, weil sie sich verfolgt oder unterdrückt fühlten. Diese Menschen waren von der politischen Mitsprache ausgeschlossen, unterstanden ausschließlich der Hausgewalt ihres Herrn und hatten für diesen Frondienste zu leisten.

GLAUBE UND MYTHOLOGIE

Die Mythologie der Kelten übt heute noch eine eigenartige Faszination auf viele Menschen aus. Vor allem wird dies durch den Umstand gefördert, dass es zwar viele Überlieferungen aus diesem Bereich gibt, diese aber weitgehend spekulativ sind. Selbst die griechisch-römischen Quellen, die teilweise aus Berichten von Zeitzeugen genährt wurden, sind keineswegs verlässlich, weil sie entweder aus Unkenntnis oder aus taktischen Gründen verfasst wurden. Die Ausgrabungen der vergangenen Jahrzehnte bringen zwar zahlreiche keltische Kunstwerke ans Tageslicht, aber viele Deutungen sind eher der Fantasie zuzuschreiben als einem realistischen Hintergrund.

DIE RÖMISCHEN ZEITZEUGEN

Alle Überlieferungen sprechen den Kelten eine tiefe Religiosität zu. Die Römer, die in ihrem jahrhundertelangen Kampf gegen die Kelten zu deren »nahestehendsten« Zeitzeugen gehören, haben sich intensiv mit der Religion der Kelten befasst, wenn auch nicht immer objektiv. Denn manche der religiösen Bräuche der Kelten (vor allem das Opfern von Menschen) waren gut geeignet, ihre Rolle als »Barbaren«, die man unbedingt bekämpfen und für immer als Feinde ausschalten musste, zu festigen. In solchen Berichten der gegen die Kelten kämpfenden Römer bemühte man sich, die Bräuche der Kelten im Stil der »Interpretatio Romana« den Menschen in der Heimat begreiflich zu machen. Dies bedeutet, dass man die fremde Religion mit der eigenen sinngemäß verglich und die Namen und Funktionen der Götter mit den eigenen in Zusammenhang brachte. So wurden den Namen der keltischen Götter die der römischen als Erklärung zugeordnet. Bei manchen Gottheiten versagte die Zuordnung jedoch, denn es gab auf römischer Seite nichts Vergleichbares: Beispielsweise blieben die am Niederrhein im gallisch-germanischen Grenzbereich verehrten drei Matronen deshalb ohne römische Zuordnung. Die »Dea Matronae« sind Ausdruck der »heidnischen

Dreifaltigkeit«, die in der keltischen Religion eine große Rolle gespielt haben muss, denn auf vielen ausgegrabenen Kunstwerken sind dreigestaltige beziehungsweise dreiköpfige Figuren zu erkennen. Allerdings dürfte die religiöse Dreiheit den Römern nicht ganz unbekannt gewesen sein, denn in ihrer Religion kam sie ebenfalls in Gestalt der drei Schicksalsgöttinnen, der Parzen, vor.

DIE GOTTHEITEN

Dreigestaltige Gottheiten sind in der keltischen Religion nichts Ungewöhnliches, weil die Zahl Drei in der Antike als Glück verheißende Zahl galt. Die Dreiheit war allerdings bei den Kelten nicht auf die Religion beschränkt, sondern sie galt allgemein als Symbol der Kraft. Aus diesem Grund könnte mit der dreifachen Abbildung eines Gottes dessen Kraft und Macht zum Ausdruck gebracht worden sein. Bei den Kelten ist allerdings auffällig, dass nur weibliche Göttinnen drei-

gestaltig auftraten. Unter den Ausnahmen, die insbesondere in Südengland angetroffen wurden, ist auch der Gott Lug zu finden, der häufig mit seinen zwei Brüdern abgebildet wurde. Die dreigestaltigen Göttinnen werden meist sitzend mit Symbolen der Fruchtbarkeit, wie Früchten und Füllhörnern, manchmal auch Kindern, dargestellt. Eine besondere Art, die Dreiheit darzustellen, war den Steinmetzen vorbehalten: In einen schlichten Steinblock mit vier Seiten wurden auf drei Seiten Gesichter gemeißelt, sodass der Eindruck entstand, man hätte einen Kopf mit drei in verschiedene Richtungen blickende Gesichter vor sich.

Es ist ein unmögliches Unterfangen, die Namen und Funktionen aller Götter und Göttinnen der Kelten zu systematisieren. Da jegliche schriftliche Überlieferung der Kelten selbst fehlt, ist man entweder auf die durch die »Interpretatio Romana« verfälschte Berichterstattung der Römer oder auf die im ersten Jahrtausend n. Chr. niedergeschriebenen irischen Überlieferungen angewiesen. Beide Überlieferungen sind nicht genau genug, um über die göttliche Hierarchie, ihre Namen oder auch nur über die Funktionen der Götter Gewissheit zu erlangen. Die irischen Überlieferungen sind naturgemäß wesentlich ergiebiger, weil die keltischen Bräuche in Irland noch weit bis ins erste Jahrtausend n. Chr. praktiziert wurden und die irische Insel nie von einem Römer und erst spät von christlichen Missionaren betreten wurde. Mit Hilfe der irischen Literatur können zumindest einige Unklarheiten über die keltischen Gottheiten beseitigt werden.

Das Prinzip des höchsten Gottes

Der große männliche Gott, der bei allen Stämmen offensichtlich anerkannt wurde, war Dagda, was sinngemäß »der gute (mächtige) Gott« bedeutet. Ihm zur Seite steht eine »Muttergöttin«, also eine Göttin der Fruchtbarkeit, die in der irischen Literatur als die Mórrígan, die »große Königin« bezeichnet wird. Diese beiden Gottheiten verkörpern das Prinzip des höchsten Gottes, in dem alle Fähigkeiten eines Stammes zusammenfließen, und der höchsten Göttin, die als Erdmutter-Göttin vor allem die Fruchtbarkeit von Menschen und Land in sich vereinigt, aber auch die Angst vor Gefahr verkörpert.

In diesen beiden gegensätzlichen Interpretationen von Gottheiten ist jede religiöse Differenzierung möglich: Unter diesem »Dach« lassen sich unbegrenzt viele andere Götter erfinden und einordnen, ohne dass sie das grundsätzliche Bild stören können, und auch die Menschen können ihr Leben mit diesen beiden Gottheiten in Beziehung bringen. Die Tapferkeit wird in den meisten Gesellschaften als typisch männlich und die Furcht als typisch weiblich interpretiert. Die Kelten waren zudem davon überzeugt, dass die Irrationalität, die bei Gefahr für Verwirrung sorgt und in Folge dessen die Göttin auch für Zerstörung steht, weiblicher Natur ist. Damit war der Schritt getan, um ihr bei der Gegensätzlichkeit zwischen Gut und Böse auch noch Letzteres zuzuschreiben. Die beiden obersten Gottheiten waren also keine Gefährten, sondern sie waren Gegensätzlichkeiten in Göttergestalt. Die Lebenserfahrung zeigt aber, dass das Leben aus dem Zusammenwirken dieser Gegensätzlichkeiten besteht. So ist es nur logisch, dass sich die beiden Gottheiten einmal im Jahr zu einem bestimmten Festtag versöhnen und geschlechtlich vereinigen mussten, wodurch das Gleichgewicht der ansonsten auseinander strebenden gegensätzlichen Kräfte für ein weiteres Jahr gewahrt und die Fruchtbarkeit von Boden und Menschen erneuert wurde.

Stammesgottheiten

Daneben kann man noch mehrere Hauptgötter identifizieren, die aber möglicherweise alle nur eine bestimmte Verkörperung der obersten Gottheiten darstellen. Zudem scheint es für einen Gott viele Namen gegeben zu haben, was eine Systematisierung erheblich erschwert. Die Vielfalt der Namen zeigt, dass es entweder »Regionalgötter« gab oder dass sich verschiedene regionale Namen für überregional anerkannte Götter durchsetzen konnten. Man kann wohl davon ausgehen, dass es eine wohl geordnete Götterwelt, wie bei den Griechen und Römern, bei den Kelten niemals gab. Es gibt Hinweise darauf, dass sich jeder Stamm einen Stammesgott und eine Erdmutter-Göttin »leistete«, die den beiden Hauptgottheiten gedanklich nachempfunden waren und sie auch als deren Verwandte einstufte. Stammesgötter wurden häufig bei der wichtigsten Tätigkeit im Stammesleben (beispielsweise als Schmied) dargestellt, was mit ihrem Ruf der »Alleskönner« stimmig erklärt werden könnte.

Neben diesen Stammesgottheiten stand noch eine Reihe von Göttern und Göttinnen für spezielle Aufgaben. Die Spezialisierung der Götter und Göttinnen dürfte in jedem Stamm etwa gleich gewesen sein, auch wenn man sie jeweils anders benannte und zudem die geografischen Gegebenheiten nach weiteren Spezialisierungen verlangte. Reiter-, Holzfäller-, Meeres-, Jagd-, Fischgötter und so weiter dürften entsprechend der Landschaft, in der ein Stamm lebte, je nach Bedarf existiert haben. Die starke Regionalisierung der keltischen Religion könnte auch damit erklärt werden, dass sie ein Spiegelbild der politischen Zersplitterung des keltischen Volkes in viele unabhängige Stämme gewesen war.

Überregionale Gottheiten

Doch es gibt einige Ausnahmen, die einer umfassenden religiösen Regionalisierung widersprechen: Eine davon ist der Gott Lug, dessen Name man sowohl in der keltischen Überlieferung als auch auf Gegenständen in Spanien gefunden hat. Ihm war ein Feiertag gewidmet, der fast im ganzen keltischen Siedlungsraum im August begangen wurde.

Wegen seiner kalendarischen Lage in der Erntezeit nimmt man an, dass es sich um einen Fruchtbarkeitsgott gehandelt haben muss.

Ein weiterer wichtiger »überregionaler« Gott war offenbar Cernunnos, der Gott mit dem Hirschgeweih. Er könnte der oberste Jagdgott gewesen sein, der auf unzähligen keltischen und älteren Gegenständen dargestellt ist. Der berühmteste davon ist der reich verzierte, immerhin 69 Zentimeter breite und 42 Zentimeter hohe Silberkessel von Gundestrup, der dort 1891 zufällig im Moor entdeckt wurde. Der Kessel war in Teile zerlegt worden und vermutlich nach einem Sieg über Kelten den germanischen Unterweltsgöttern geopfert worden. Die ehemals vergoldeten Platten zeigen neben dem Geweihgott Cernunnos andere Götterbilder mit Wendelringen, Fabelwesen, Tiere, darunter absurd dargestellte Elefanten, die ebenso wie ein Delfinreiter und eine Stiertötung auf den Einfluss einer Kultur aus der Mittelmeerregion hinweisen. Dabei sind die Motive nebeneinander, aber ohne erkennbare Beziehung zueinander dargestellt. Vermutlich stammt der Gundestrup-Kessel aus dem ostkeltisch-thrakischen Raum und wurde zwischen 200 vor und 100 nach Chr. gefertigt.

Eine Besonderheit sind die römisch-keltischen Götter, die allesamt das Produkt einer Verschmelzung der römischen mit der keltischen Religion in den römisch besetzten keltischen Gebieten darstellen. Ein gutes Beispiel dafür ist die ursprünglich keltische Reitergöttin Epona, die in weiten Teilen des Römischen Reiches als Göttin verehrt wurde.

DIE WICHTIGSTEN

Eine klare Hierarchie hat bei den keltischen Gottheiten vermutlich nie existiert. Auch sind die bekannten Namen der Gottheiten vor allem der irischen Überlieferung zu verdanken, die allerdings regionale Züge in sich trägt und nicht zwingend notwendig auf den Kontinent übertragbar sind. Einige dieser Namen dürften auf dem Kontinent gar nicht bekannt gewesen sein, andere wiederum waren bei den Inselkelten nicht gebräuchlich. Die folgenden Gottheiten scheinen, ob nun auf dem Kontinent oder auf den Inseln, besondere Bedeutung gehabt zu haben.

DAGDA

Er wird häufig als höchster Gott der Kelten bezeichnet, was sich außerdem darin niederschlägt, dass er auch als Gottdruide oder als Druidengott galt. Dagda war Herr der Elemente und der priesterlichen Wissenschaften, Gott der Freundschaft und der Verträge, der Zeit und des Wetters und Gott der Ewigkeit. Er war aber auch ein Krieger, der über eine unbegrenzte Allmacht verfügte. In der irischen Götterhierarchie ist er allerdings erst hinter Lug zu finden, der als der oberste Gott der Inselkelten galt.

DIS PATER

Caesar erwähnt den Dis Pater im sechsten Buch »De bello gallico«. Dort schreibt er:

Die Gallier geben den Dis Pater für ihren Stammvater aus und sagen, dies sei von den Druiden überliefert worden. Deswegen bestimmen sie jeden Zeitlauf nicht nach der Zahl der Tage, sondern der Nächte. Die Geburtstage, den Beginn der Monate und Jahre berechnen sie so, dass die Nacht zum folgenden Tag zählt.« Die Archäologen gehen davon aus, dass es sich bei Dis Pater um einen Nationalgott handelte, der vor der Ausbreitung der Kelten von allen Stämmen verehrt wurde. Der keltische Glaube an die Seelenwanderung lässt vermuten, dass es sich um einen Unterweltsgott handelte, auf den die zum Stamm gehörende Ganzheit der Lebenden und Toten ihren Ursprung zurückführte.

DANA

Die Mutter des irischen Göttergeschlechts der Tuatha Dé Danann gilt auch als große Stammesmutter. Eventuell handelt es sich bei ihr um die keltische Verkörperung einer weiblichen Urmacht aus vorindogermanischer Zeit. Sie nährte nicht nur die Götter, sondern galt als die Mutter Erde schlechthin und dokumentiert damit die Verehrung, die die Kelten allgemein den Muttergottheiten entgegenbrachten.

TEUTATES

Der frühkeltische Gott wird oft als reitender Gott dargestellt und könnte als Gott

keltischen gottheiten

des Krieges und der Stämme, aber auch als göttlicher Stammvater gegolten haben. Seine Entsprechung nach der Interpretatio Romana ist der römische Agrar- und Kriegsgott Mars.

CERNUNNOS

Der keltische Gott Cernunnos, »der Gehörnte«, wurde in vielen Gebieten der Kelten mit einem Hirschgeweih dargestellt. Er scheint überregional verehrt worden zu sein. Die bekannteste Darstellung von Cernunnos ist die auf dem Kessel von Gundestrup. Verschiedentlich wird er in der römischen Überlieferung als Gott der Unterwelt interpretiert, aber auch – wegen seines Hirschgeweihes – als Gott der Jagd. Seine Entsprechung nach der Interpretatio Romana sind die römischen Götter Hades oder Pluton.

SUCELLUS UND NANTOSUELTA

Sucellus ist in Darstellungen mit Herrscherstab und mit der Göttin Nantosuelta, die ein Zepter trägt, zu sehen. Caesar ist der Meinung, die Kelten hielten Sucellus für den Gott, von dem alle Kelten abstammen, und er sei gleichzeitig der Vater der Götter. Die Entsprechung von Sucellus nach der Interpretatio Romana ist der römische Gott des Reichtums und der Unterwelt Dis Pater.

TARANUS

Als Himmels- oder Donnergott, von dem das Wetter und damit eine gute Ernte abhängt, wurde der keltische Gott Taranus verehrt. Seine Entsprechung nach der Interpretatio Romana ist der römische Gott Iupiter.

ESUS

Große Unklarheiten bestehen über die Funktion des keltischen Gottes Esus, der als Gott des Waldes, Gott der Wildnis oder auch als Kriegsgott bezeichnet wird. Darstellungen in Trier und Paris zeigen den Gott beim Abholzen eines Laubbaums, was möglicherweise als ein Hinweis darauf zu verstehen ist, dass es sich tatsächlich um einen Gott des Waldes beziehungsweise der Wildnis gehandelt hat. Andererseits könnte sich die dargestellte Tätigkeit auf einen uns unbekannten Mythos beziehen.

LUG

Auch die Funktion des keltischen Gottes Lug oder Lugus ist nicht eindeutig zu definieren. Er begegnet uns in manchen Überlieferung als Gott des Handels und der Künste, bei Caesar wird er jedoch als der oberste Gott der Kelten bezeichnet, ohne dies näher zu begründen. Dies ist insoweit bemerkenswert, als in den irischen Überlieferungen Lug tatsächlich als der oberste

Gott noch vor Dagda gilt, was aber Caesar wiederum nicht wissen konnte, denn zum einen waren die Kontakte zwischen den Inselkelten und den Kontinentalkelten spärlich und zum anderen hat er selbst nie einen Fuß auf die britannischen Inseln setzen können. Demnach könnte Lug auch von den Galliern als oberster Gott verehrt worden sein.

BELENUS

Als »leuchtender und glänzender« Gott könnte Belenus der keltische Sonnen- und Feuergott gewesen sein. Er wurde in weiten Teilen der keltischen Besiedlung nach der Großen Wanderung verehrt. Besonders bei der Schilderung der Kämpfe der Römer gegen die Gallier in Oberitalien spielt Belenus häufig eine bedeutende Rolle. Seine Entsprechung nach der Interpretatio Romana ist der römische Gott Apollo.

MATRONAE

Die römische Bezeichnung Matronae bezieht sich auf bestimmte keltische Muttergottheiten, die als Göttinnen für Erntesegen und Fruchtbarkeit häufig als Dreigestalt dargestellt wurden, wie beispielsweise sehr eindrucksvoll in der Matronendarstellung aus Vertault (Côte-d'Or) zu sehen ist. Unter ihren Schutz stellten sich Familien, größere Personenverbände oder ganze Orte, um die Fruchtbarkeit der Menschen und des Bodens sicherzustellen. In der römischen Berichterstattung tauchen sie häufig als »Dea Matronae« auf.

EPONA

Die ursprünglich keltische Göttin wurde lange Zeit in weiten Teilen des Römischen Reiches verehrt und ist das typische Beispiel einer römisch-gallischen Gottheit. Sie wird immer entweder reitend oder zusammen mit Pferden dargestellt, was darauf schließen lässt, dass sie als eine Schutzgottheit der Pferde galt.

RUDIOBOS

Rudiobos ist eine gallische Gottheit in Gestalt eines Pferdes. Sie wurde in der Statuette des Bronzepferdes von Neuvy-en-Sullies benannt und dargestellt.

KELTISCHEN GOTTHEITEN

OGMIOS

Der gallische Gott entspricht dem römischen Herakles. Eine Darstellung des Ogmios wurde von Lukianos überliefert: Sie zeigt ihn als alten, kahlköpfigen Mann, mit den Attributen des Herakles – Löwenfell, Keule, Bogen und Köcher. Die Ketten, mit denen er an den Ohren gefesselte Menschen nach sich zieht, sind durch seine Zunge gebohrt.

GWYDYON

Der walisische Gott entstammt der Göttermutter Dôn. Der Krieger, Dichter und Magier ist Lug und mit dem germanischen Gott Odin verwandt. Durch eine List erstand er von Pryderi, dem Sohn des Unterweltgottes Pwyll, die Schweine und brachte sie heim nach Gwynedd, wo diese Haustiere bisher unbekannt waren. Doch Pwyll und Pryderi wurden seiner habhaft und sperrten ihn in den Kerker. Dort soll Gwydyon die Gabe der Dichtkunst verliehen worden sein.

NEMETONA

Da die gallische Göttin mitunter als Gefährtin des Mars dargestellt wird, bezeichnen sie einige Forscher als Kriegsgöttin. Wahrscheinlich wurde sie als eine hohe Stammesgöttin der Nemeter zwischen Rhein und Mosel verehrt.

TAILTIU

Die Amme und Erzieherin des Gottes Lug wird als irische Erd- und Festgöttin verehrt. Sie soll der Überlieferung nach die Tochter eines spanischen Königs und einer Fürstin gewesen sein. Sie nährte Lug und zog ihn auf, bis er Waffen trug. Als Tailtiu starb, erfüllte Lug das ihr gegebene Versprechen und setzte sie auf einem Hügel der nach ihr benannten Ebene Tailtiu bei. Hier setzte er ihr zu Ehren das Lugnasad-Fest ein, das an verschiedenen großen Kultstätten an jedem 1. August begangen wurde (➤ Seite 29).

MERCURIUS (RÖMISCHER GOTT)

Nach der Interpretatio Romana wird eine ganze Reihe von inschriftlich bezeugten keltischen Göttern mit dem römischen Gott Mercurius gleichgesetzt: Adsmerius, Artaius, Arvernorix, Arvernus, Cissonius, Dumiatis, Iovantucarus, Moccus und Visucius. Eventuell handelt es sich bei diesen keltischen Göttern um einen Gott mit verschiedenen regionalen Ausprägungen, dessen Funktionen dem des Mercurius, dem Gott des Handels, ähnelten.

Verschiedentlich wird auch der keltische Gott Lugus (➤ Seite 95) mit Mercurius gleichgesetzt, wobei man nicht weiß, ob es sich womöglich um den Herrscher Lug mac Ethnenn nach der inselkeltischen Überlieferung gehandelt hat.

Die keltische Religion

Die theologischen Hintergründe der keltischen Religion können aus Schilderungen der Griechen und Römer in Ansätzen abgeleitet werden. Demnach glaubten die Kelten an die Ewigkeit der Welt, die aber – diese Auffassung scheint man offenbar aus der Lebenserfahrung heraus gewonnen zu haben – durch Feuer- oder Wasserkatastrophen unterbrochen werde. Caesar war der Ansicht, dass die außergewöhnliche Tapferkeit der keltischen Krieger auf einen ausgeprägten Unsterblichkeitsglauben zurückzuführen sei, wobei die Unsterblichkeit mit einer Seelenwanderung begründet werde. Diese Auffassung der Kelten hatte sehr pragmatische Folgen: So waren die Kelten beispielsweise der Ansicht, dass Schulden noch im Jenseits zurückgezahlt werden könnten, es also kein Unglück sei, mit einer ausstehenden Schuld zu sterben. Die Theorie einer Seelenwanderung ins Jenseits wurde von den Kelten sehr körperlich aufgefasst, denn die Kelten sollen den Toten Briefe an Verstorbene ins Jenseits mitgegeben haben.

Der Sid

Das »Jenseits« wurde von den Kelten als »Andere Welt« aufgefasst, in der neben den Gottheiten auch übernatürliche Wesen und Feen wohnten. Diese »Andere Welt« war nach ihrer Meinung nicht mit der Welt der Menschen in Bezug auf ihre Beschaffenheit identisch, doch glaubten sie, dass die reale Welt unter nachhaltigster Beeinflussung durch die »Andere Welt« stand. Nur außerordentlichen Helden könnte es gelingen, mit Wesen der »Anderen Welt« in Kontakt zu treten oder gar in sie überzutreten und auch von dort wieder zurückzukommen.

In den irischen Überlieferung wird die »Andere Welt« mit »Sid« bezeichnet. Der Sid konnte je nach landschaftlichen Begebenheiten der Siedlungen praktisch überall liegen, wo es für normale Menschen keinen Zugang gab: An den Küsten war der Sid jenseits des Meeres auf meist legendären Inseln, an großen Flüssen oder Seen in deren Tiefen gelegen. Um in den Sid zu gelangen, musste man also den Ozean überqueren – damals für die Menschen ein nahezu unmögliches Unterfangen – beziehungsweise in die Tiefen der Gewässer tauchen. Keltische Stämme im Landesinnern vermuteten den Sid unter Hügeln, in alten Hügelgräbern oder in großen Höhlen, also an Orten, die normalerweise niemandem zugänglich waren. So hatten die Menschen eines jeden Stammes einen der Landschaft entsprechenden Ort vor Augen, wenn sie an die »Andere Welt« dachten.

Der Sid war auch die Heimat der Verstorbenen, die dort weiterlebten, weil die Unsterblichkeit der Seelen und das ewige Leben in der »Anderen Welt« traditionelle Bestandteile der keltischen Religionsauffassung waren. Dies führte zu höchst pragmatischen Auswüchsen, indem man den Verstorbenen Gegenstände mit ins Grab gab, die sie in der »Anderen Welt« gut gebrauchen konnten. So wurden zerlegte Kriegswagen, Waffen, Schmuck, Gefäße und vieles anderes mehr in die Gräber gelegt – dass Angehörige oder auch Diener am Grab Selbstmord begingen oder sich töten ließen, um dem Verstorbenen nahe zu bleiben, zeigt auf, wie bildhaft man die »Andere Welt« begriff und wie sicher man sich war, dort in paradiesischen Zuständen weiterleben zu können.

Die Kultstätten

Die Kelten verehrten ihre Götter an heiligen Orten, die »nemeton« genannt wurden, was mit »Waldhain« übersetzt werden kann. Tatsächlich waren die Kultstätten in der Hallstattzeit im Freien angelegt, wobei Eichen, sofern in der Landschaft vorhanden, immer eine besondere Rollen spielten. Erst später – etwa ab dem 4. Jahrhundert v. Chr. – bauten auch die Kelten auf den heiligen Orten Gebäude, die selbst zu heiligen Orten wurden. Die Bedeutung der Bezeichnung »nemeton« wurde dementsprechend auch auf solche Gebäude ausgedehnt. Möglicherweise hat hier der Einfluss der griechischen und römischen Kultur eine Rolle gespielt, denn in Gallien und Britannien wurden gallorömische Umgangstempel erbaut, quadratische Holzbauten mit pyramidenförmigen Dächern und umlaufenden Vorhallen. Diese meist aus Ziegeln erbauten »Tempel« wurden in römischer Zeit errichtet. Dagegen hielten sich für kultische oder politische Versammlungen in Süddeutschland die unbebauten Plätze, die als (Viereck-)Schanzen bezeichnet werden. In ihnen wurden bei Ausgrabungen keine Gegenstände gefunden, nur die Opfergrube könnte darauf hinweisen, dass hier Menschen und/oder Tiere geopfert wurden. Andere Überlieferungen (Poseidonios/Athenaios) gehen eher davon aus, dass die »viereckigen Einschließungen von zwölf Stadien (rund 1500 Meter) Seitenlänge« nur als Versammlungs- und Gelageplatz dienten – dadurch wurden die Gelage zu Kultmahlen.

In den heiligen Orten wurden außer den Kultgeräten die Feldzeichen und Kriegstrophäen aufbewahrt, auch Beutegut und Weihegaben wurden dort gelagert. Dieser Brauch wurde allerdings regional verschieden ausgeübt, denn Beutegut und Weihegaben (Votive) wurden auch in heiligen Seen und Flüssen, in Furten oder Quellen versenkt, in denen Wasser- und Unterweltsgötter verehrt wurden. Ein Beispiel ist die Duxer Riesenquelle bei Teplice in Nordböhmen, in der Tausende von Frauenringen und Gewandspangen (Fibeln) aus dem 4. Jahrhundert v. Chr. gefunden wurden. Aus dem Wasser am Nordufer des Neuenburger Sees in La Tène wurden 166 Schwerter und 269 Lanzenspitzen geborgen – ein gigantischer Fund, der einer ganzen keltischen Epoche ihren Namen gab.

Verständlich erscheint der Wunsch der Kelten, dass geopferte Gegenstände, soweit es sich um Gebrauchsgegenstände handelte, nicht aus den Heiligtümern geraubt wurden. Aus diesem Grund beschädigte man sie vorher stark, damit sie nicht mehr zu verwenden waren. So entfiel der Anreiz für Diebe, sich der Weihegaben zu bemächtigen. Halsringe wurden zerbrochen, Wagen in nicht reparabler Weise zerlegt oder Schwerter verbogen. Ähnlich verfuhr man bei Grabbeigaben, wie man heute bei Ausgrabungen feststellen

kann. Dass die Kelten geradezu verschwenderisch mit Weihgegenständen und Grabbeigaben umgingen, zeigt die tiefe Religiösität, die die damit verbundene Schädigung der Wirtschaftskraft in den Hintergrund treten ließ. Es war offenbar das Wichtigste, die Gottheiten gütig zu stimmen.

Die Menschenopfer

Eine der dunklen Seiten der religiösen Bräuche der Kelten war das Menschenopfer. Alles deutet darauf hin, dass es dafür besondere heilige Stätten gab, die für die Tötung von Menschen (und Tieren) und der Beseitigung der Leichen speziell eingerichtet waren: Schlachtaltäre und tiefe Schächte, in die man die Leichen versenkte, wurden offenbar häufig angetroffen. An diesen Orten muss es schauerlich ausgesehen haben, denn in römischen Berichten (Lucan) steht zu lesen, dass das ganze Gelände und die Baumstämme darauf vom Blut der Menschenopfer nur so trieften und dass sich dort häufig so viele Schlangen befanden, dass man den Platz und das umliegende Gelände nicht ungefährdet betreten konnte. Solche Schilderungen waren für die Römer Wind auf die Segel der Propaganda, denn es war klar, dass man damit die Notwendigkeit, die keltische Kultur möglichst restlos verschwinden zu lassen, in der Heimat gut begründen konnte. Allerdings hätten die Römer allen Grund gehabt zu schweigen, denn gefangen genommene Feinde oder politische Gegner unbewaffnet den Löwen gegenübertreten zu lassen, so wie es in Rom Brauch war, brachte das gleiche Ergebnis hervor wie ein Menschenopfer der Kelten. Überhaupt war das Opfern von Menschen in der Antike nicht selten und den Kelten muss man zugute halten, dass sie in der Regel Verbrecher opferten – also die Todesstrafe mit dem religiösen Brauch verbanden. Aber wenn es daran mangelte, wurden Sklaven – wie in anderen heidnischen Kulturen auch – oder andere Unschuldige geopfert.

DIE DRUIDEN – WÄCHTER UND VOLLSTRECKER DER RELIGION

Wer heutzutage als Laie an die Kelten denkt, dem fällt wohl unweigerlich der Druide ein. Dies liegt bei den wenigsten vermutlich daran, dass sie sich sehr für die keltische Religion interessieren, sondern dass eine Comic-Serie, nämlich »Asterix der Gallier« von René Goscinny und Albert Uderzo, in ganz Europa Furore machte. Hier werden die Kelten eines kleinen gallischen Dorfes, die sich erfolgreich den Römern widersetzen, von einer sehr sympathischen Seite gezeigt.

Der Druide »Miraculix« bei »Asterix dem Gallier«

Neben den Hauptpersonen Asterix und Obelix dürfte der Druide Miraculix (Name der deutschen Fassung) zu den populärsten Figuren des Comics gehören. Die enorme Macht-

fülle der Druiden, die sie in ihren Stämmen genossen, wird auch hier karikiert: Der Zaubertrank des Druiden, der den Bewohnern übermenschliche Kräfte verleiht, verhilft dem kleinen Gallierdorf letztendlich immer wieder zum Sieg über die allerdings als recht tölpelhaft skizzierten, zahlenmäßig weit überlegenen römischen Legionen. Der Zaubertrank ist Sinnbild dafür, dass dem Stamm ohne den Druiden nichts gelingen kann, und steht damit durchaus im Einklang mit der tatsächlichen Glaubenswelt der Kelten.

Es war in den antiken Kulturen selten, dass ein eigener (und mächtiger) Priesterstand existierte. Denn bei den Germanen, Griechen und Römern wurde Laien die religiösen Funktionen übertragen, was von den Herrschenden wahrscheinlich weise bedacht war. Die Priester, die den Dienst in griechischen und römischen Tempeln taten, waren von den Regierenden abhängig und konnten keine solche Macht wie die Druiden anhäufen.

Die religiöse Bedeutung der Druiden

Die Bezeichnung »Druide« dürfte auf die keltische Form »dru-vid-es« zurückgehen, was wohl mit »der Eichenkundige« übersetzt werden kann, aber darüber hinaus auch im Sinne von »Eichenpriester« verstanden worden sein könnte. Die Eichen und die manchmal auf ihnen wachsenden Misteln waren nämlich den Kelten heilig. Diese Misteln wurden am sechsten Tag nach Neumond vom Druiden in weißem Gewand mit goldener Hippe (ein krummes Messer) abgeschnitten, und aus ihnen braute der Druide einen Trank, der den Mitgliedern des Stammes Gesundheit und Fruchtbarkeit verhieß. Nur die recht selten auf den heiligen Eichen wachsenden Misteln kamen dafür in Betracht, weil sie ebenso heilig waren wie der Baum selbst.

Die Überlieferung

Schriftliche Überlieferungen über die Druiden existieren wiederum nur von den Römern, die allerdings nur die gallische und britische Variante der keltischen Religionsausübungen aus dem letzten Jahrhundert v. Chr. bis zum 4. Jahrhundert n. Chr. bezeugen konnten. Darin wird berichtet, dass die Druiden neben den Rittern zum gallischen Adel gehörten. Caesar schrieb, dass sie von Abgaben und Kriegsdienst befreit waren – tatsächlich tauchen kämpfende Druiden erst im gälischen Mythos auf –, dass sie den Götterdienst versahen, die öffentlichen und privaten Opfer besorgten und die Religionssatzungen auslegten.

Weiter berichtet der spätere römische Herrscher, dass Druiden zwanzig Jahre für ihr Amt lernen mussten. Da es keine Schrift gab, konnte alles Wissen nur mündlich von den Lehrmeistern weitergegeben werden. Dass die Kelten zwar Buchstaben kannten und diese auch benutzten, aber keine zusammenhängende Schrift anwendeten, dafür sollen die Druiden verantwortlich gewesen sein: Niemand sollte ihr Wissen entdecken können, weil dann ihre gesellschaftliche Machtposition in Gefahr gewesen wäre. So mussten sie lange Gedichte, Lehren für die Jugend über die Seele, die Sterne, die Erde, die Natur und die Götter auswendig lernen. Auch sprachen die Druiden in Bildern und Rätseln über Geschichte, Recht und Sitten, was der Verständlichkeit abträglich war, aber den Mythos aufrechterhielt. Übrigens: Erst im 3. Jahrhundert n. Chr. erfand ein irischer Weiser die Oghamschrift, die aus dem lateinischen Alphabet abgeleitet ist und vor allem für Inschriften auf Grab- und Grenzsteinen genutzt wurde. Zu dieser Zeit wurde die keltische Religion in den römisch besetzten Gebieten schon lange nicht mehr ausgeübt, denn die Kaiser Tiberius (14–37 n. Chr.) und Claudius (41–54 n. Chr.) verboten die Druiden aus politischen und gesellschaftlichen Gründen. Auch wenn sie noch im Civilisaufstand in den Jahren 69/70 n. Chr. eine Rolle gespielt haben und Rom den (noch weit in der Zukunft liegenden) Untergang prophezeiten, war ihre, den Römern höchst suspekte Rolle zu dieser Zeit bereits ausgespielt.

Weissagung der Druiden

Wenig bekannt bei den Römern waren die Weissagungspraktiken der Druiden, was sich jedoch durch einen Besuch des Druiden Divitiacus vom Stamm der Häduer bei dem von ihm verehrten Römer Cicero im Jahre 61 v. Chr. teilweise änderte. Cicero berichtet, dass der Druide sehr naturkundig gewesen sei und die Zukunft aus Vogelzeichen gedeutet habe. Dies war zu dieser Zeit nichts Neues, denn nicht nur in Gallien, sondern auch bei den Etruskern und den Römern wurde Weissagung durch Vogelschau (auspicium) betrieben. Es ist nicht sicher, dass Druiden die Weissagung selbst betrieben haben. Denn es gibt Hinweise auf Seher, die so genannten Vates, die auf diese Technik spezialisiert waren. Eine Reihe von römischen Zeitzeugen und auch keltische Erzähler aus den Jahrhunderten nach Christus berichten aber, dass die Druiden Seher und Ärzte gewesen seien.

Der Kalender der Druiden – der Ablauf der Zeit war Göttersache

Die Druiden waren auch für das Kalenderwesen zuständig, wofür der Mondkalender von Coligny ein Zeugnis darstellt. Dort wurden im Jahr 1897 neben einer gallorömischen Bronzestatue des Gottes Mars auch 150 Stücke einer Bronzetafel mit einer in lateinischen Buchstaben geschriebenen Inschrift gefunden. Lange Zeit galt das Bronzeblech als das umfangreichste erhaltene altkeltische Schriftstück, bis man die Inschriften von Chamalières und Larzac fand. Es stellte sich heraus, dass es sich um einen gallischen Kalender aus dem 2. Jahrhundert n. Chr. handelte, der einen Zeitraum von fünf Sonnenjahren umfasste. Möglicherweise gehörten die beiden Fundstücke ursprünglich zu einem Heiligtum und dienten kultischen Zwecken, denn die Zeit mit ihrem Maß, die dem Leben seinen Rhythmus gibt, gehörte den Göttern und demzufolge auch den Druiden.

Der auf der Bronzeplatte dargestellte Mond- und Sonnenkalender war in 62 Monate eingeteilt, von denen im Jahr sieben Monate jeweils in zwei Hälften aus 15 plus 15 Tagen und 5 Monate jeweils in zwei Hälften aus 15 plus 14 Tagen zerfielen. Um das Sonnenjahr dem Mondjahr anzupassen, schob man alle zweieinhalb Jahre, also nach jedem 30. Monat, einen 30-tägigen Schaltmonat dazwischen. So kam die dargestellte Zeitrechnung nach fünf Jahren exakt auf 62 Monate.

Der Kalender beweist, dass die Druiden astronomische und mathematische Fähigkeiten gehabt haben müssen (auch Caesar wies darauf hin), denn ohne sie wäre die Erarbeitung eines solchen Kalenders nicht möglich gewesen. Zudem unterstützt der Kalender römische Aussagen (Plinius), nach denen bei den Kelten die Jahrhunderte, die Jahre und Monate am sechsten Tag des Mondes begannen. Leider sind die walisischen Worte der Inschrift nur bruchstückhaft vorhanden – sie könnten uns vielleicht Wichtiges über die Kelten mitteilen.

Die Machtfülle der Druiden

Neben den schon sehr einflussreichen religiösen Funktionen erfüllten die Druiden auch noch politische und juristische Aufgaben. Mit dieser Entscheidungsmacht konnte kein weltlicher keltischer Regierender mithalten – ohne die Zustimmung des oder der Druiden war auch im weltlichen Bereich kein endgültiger Entschluss zu treffen. Ohne die Druiden durfte kein König etwas unter-

nehmen oder bestimmen, sodass in Wahrheit wohl die Druiden regierten. Caesar berichtete, dass die Druiden in einem Interregnum den Oberbeamten ernannten, dass sie regelmäßig bei Verbrechen und Mord, Erbauseinandersetzungen und Grenzkonflikten als Richter fungierten und dass sie alle öffentlichen und privaten Streitfragen entschieden. Dabei würden sie die Strafen festsetzen, und wer sich ihrem Spruch nicht unterordne, werde von der Teilnahme an den religiösen Kulten ausgeschlossen. Diese Art der »Exkommunikation« sei die denkbar schwerste Strafe, und sie habe die allgemeine Ächtung zur Folge gehabt.

Dass die Druiden trotz allem keinen Machtmissbrauch trieben, wird uns ebenfalls aus römischer Quelle überliefert: Strabin rühmt die Gerechtigkeit der Druiden in allen Dingen. Zudem verstanden sich die Druiden nicht als Konkurrenten der politischen Macht, sondern eher als solidarische Berater, die in Harmonie mit der gesamten Gesellschaft und gegebenenfalls mit dem König wirken wollten.

Überregionale Versammlungen

Die Druiden hatten zentrale Institutionen, die politisch bei den Kelten in Friedenszeiten so nie existierten: Einmal im Jahr versammelten sich die Priester an geweihtem Ort im Gebiet der Karnuten, in der Mitte Galliens, wo heute die Orte Orleans, Blois und Chartres liegen, im dortigen Karnutenwald (er verdankt seinen Namen den Carnutes). Auch in Britannien gab es mit Mona (Anglesey) einen solchen Ort der Druidenversammlung, der möglicherweise das große Heiligtum der Bretonen darstellte (Tacitus), und auch die Galater in Kleinasien hatten ein solches Kultzentrum, den heiligen »Eichenhain Drunemeton« des Stammes der Tectosagen. In diesen Versammlungen sollen die problematischsten Rechtsfälle des Landes von den Druiden entschieden worden sein. Verschiedene Quellen deuten an, dass diese zentralen »heiligen Haine« auch kultischen Zwecken dienten.

 Die Menschenopfer

Die Zuständigkeit der Druiden umfasste naturgemäß die in den antiken Religionen allgemein üblichen Tieropfer, aber auch die vielfach bezeugten Menschenopfer. Nach Caesar glaubten die Kelten, dass die Götter Leben nur um Leben gäben und darum Menschenopfer forderten. In aller Regel wurden Verbrecher und Gefangene als Menschenopfer ausersehen, doch nicht immer waren solche vorhanden, sodass man Sklaven oder andere Unschuldige opferte. Es ist nicht bekannt, ob man sich auf diese Weise auch unliebsamer Stammesangehöriger entledigte.

Man kann Caesar auch nicht der billigen Propaganda bezichtigen, wenn er von den riesigen Götterbildern aus Weidengeflecht berichtet, die mit Menschen gefüllt und dann angezündet wurden. Andere Quellen bestätigen ebenfalls, dass Hunderte von Menschen gepfählt oder gekreuzigt und auf großen Scheiterhaufen verbrannt wurden. Zudem gibt es ernst zu nehmende Hinweise darauf,

dass die Menschenopfer mit Weissagung und (wiederum nach römischen Quellen) angeblich auch sakralem Kannibalismus verbunden waren. Die Galater sollen nach Trogus vor dem Kampf eigene Frauen und Kinder geopfert haben, um die Götter gnädig zu stimmen. Um den Göttern zu danken, wurden nach dem Sieg auch die Gefangenen geopfert.

Durch archäologische Funde konnten die Berichte vom keltischen Opferbrauch bestätigt werden, weil sich allerorts in Opfergruben von Vierecksschanzen Menschenknochen und organische Reste von Menschenfleisch gefunden haben. So wurde beispielsweise auch in Ribemont-sur-Ancre im Departement Somme ein 150 Meter breiter und 180 Meter langer Kultplatz aus dem späten 3. Jahrhundert v. Chr. ausgegraben. Hier entdeckte man die Gebeine von etwa tausend geopferten Jugendlichen zwischen 15 und 20 Jahren, die sorgsam aufgeschichtet worden waren.

Die Menschenopfer wurden im 1. Jahrhundert n. Chr. von den Römern auch in den römisch-keltischen Gebieten verboten. Sie waren auch gar nicht mehr möglich, weil man inzwischen das Wirken der Druiden unterbunden hatte. So blutrünstig sich die Überlieferungen anhören, so viele Menschengebeine, Schädel oder Gewebereste man auch bei Ausgrabungen fand, bedarf es nach Meinung von Geschichtsforschern trotzdem einer gewissen Relativierung des Opferbrauchs. Den Römern dienten dazu, die Menschenopfer gerade recht, um in der Heimat die Stimmung gegen die Kelten aufzuheizen und freie Hand bei den Kriegszügen zu bekommen. Auch sagen die archäologischen Funde nicht aus, dass die Kelten regelrechte Massaker unter ihrer eigenen Bevölkerung angerichtet hätten. Der Brauch der Menschenopfer widerspricht jeglicher heutigen humanen Weltanschauung. Man darf aber die Kelten nicht mit diesem Maßstab messen, denn sie waren noch Teil einer »dunklen« archaischen Welt, in der den Gottheiten jegliches Opfer zustand, das sie »verlangten«. Auch die Druiden waren naturgemäß Vertreter einer solchen Weltanschauung – sie mögen zwar gerecht und weise gewesen sein, aber mit christlichen Wertvorstellungen können natürlich auch sie rückblickend nicht gemessen werden.

Der Kult der Menschenköpfe

Die Römer waren entsetzt, als die keltischen Krieger im Jahre 387 v. Chr. plündernd durch ihre Stadt stürmten und von den Mähnen ihrer Pferde die Köpfe der getöteten Feinde hingen. Dies war kein Einzelfall, denn abgeschlagene Menschenköpfe waren begehrte Kriegstrophäen. Mit ihnen schmückte man nicht nur die Pferdemähnen, sondern in der Heimat auch Tempel, Stadttore und Hauseingänge. Die Köpfe ihrer berühmtesten Feinde sollen sie über Generationen hinweg, mit Zedernöl einbalsamiert, in einer Kiste aufbewahrt haben, um sie ihren liebsten Gästen vorführen zu können. Auch dieser Brauch konnte archäologisch bewiesen werden: In Roquepertuse, Ribemont und Entremont (Provence) stieß man auf Köpfe ohne Skelett, und in Manching wurden bisher 56 Schädel in Siedlungsgruben gefunden. Hingegen wurden kopflose Skelette in Mont Troté in den Ardennen entdeckt.

Dementsprechend sind Menschenköpfe häufig auch ein Thema in der keltischen Kunst gewesen: Ob in Stein oder Gold, ob als Vollplastik oder Relief, ob als Einzelstück oder als Schädelpyramide – die Köpfe von Toten sind immer wieder anzutreffen. Selbst in öffentliche Bauwerke wurden kunstvoll Schädel integriert oder, wie im Fall des Schädelpfeilers von Roquepertuse, ein architektonisches Kunstwerk um die Schädel gebaut.

die barden – sänger von lob und tadel

Die Barden (»die, die die Stimme erheben«) waren die hoch angesehenen Dichter unter den Kelten. Sie gehörten der Priesterklasse an und waren häufig auch Druiden. Ihre dichterischen Fertigkeiten erlernten sie auf Dichterschulen, die sie sechs bis sieben Jahre lang besuchten. Als hohe, offizielle Persönlichkeiten hatten sie an den Königshöfen die Aufgabe, Lob und Tadel gegenüber den Untertanen in Versform zu bringen, und sie nutzten die Harfe beziehungsweise die Leier dabei als Begleitinstrument. Sie schrieben allerdings ihre Dichtung (wegen der fehlenden Schreibschrift) nicht nieder, sondern trugen sie ausschließlich mündlich vor. Als Angehörige der Priesterklasse brauchten sie ihre Dichtung vor dem Vortrag nicht mit dem König abzustimmen. Der König hatte in der Regel von den Barden auch nichts zu befürchten. Die Druiden konnten den König stark beeinflussen, sodass auch die Barden mit den weltlichen Regenten im Allgemeinen in Harmonie lebten. Zudem war es nicht Aufgabe der Barden als offizielle Personen, dem König als erste das Missfallen der Priesterklasse verstehen zu geben – diese Aufgabe kam allein den Druiden zu.

Aber nicht nur an den Königshöfen waren Barden zu finden. Vermutlich hatte jeder Stamm nach dem Druiden auch einen Barden. Sie waren in erster Linie für die musikalische Unterhaltung bei Gelagen und Festmahlen zuständig. Aber auch hier traten sie nicht nur als billige Unterhalter auf, sondern sie sangen das Lob des Herrschers und trugen Heldengesänge vor.

DIE VATEN – SPEZIALISTEN DER WEISSAGUNG

Der Vate ist neben den Druiden und Barden ebenfalls Mitglied des Priesterstandes. Welche Aufgaben ihm in vorchristlicher Zeit zukamen, ist nicht endgültig geklärt. Vor allem die Abgrenzung zum Barden scheint insbesondere bei den Inselkelten nicht eindeutig gewesen zu sein. Die römischen Zeitzeugen sind sich nicht einig in ihren Bewertungen der Aufgabenteilung von Druiden, Barden und Vaten bei den Galliern. Diodor kennt statt Vaten die Wahrsager und ist der Ansicht, diese seien zuständig für Hellseherei, Wahrsagerei und Opferkult. Einige Quellen deuten darauf hin, dass die Vaten tatsächlich vor allem für die Weissagung zuständig waren. In welcher Rolle der Vate im Bereich der Opferkulte tätig war, wo es sich ja um ein Gebiet der Druiden handelte, kann nicht eindeutig nachvollzogen werden. Der Vate steht also sowohl in seinem ureigenen Aufgabengebiet der Weissagung wie auch im Bereich der Opfer in direktem Zusammenhang mit dem Druiden.

KUNST

Überraschend mag es angesichts der allgemeinen Unrast und Wildheit der Kelten erscheinen, dass sich schon gegen Ende der Hallstattzeit, vor allem aber dann in der Latènezeit, eine Kunst entwickeln konnte, die sich durchaus mit derjenigen anderer zeitgenössischer Kulturen vergleichen konnte, wenn sie anfangs auch durch diese inspiriert war.

DIE ARISTOKRATEN-KUNST DER HALLSTATTZEIT

Die keltische Kunst der Hallstattkultur war ausschließlich die Kunst der Fürsten – die Aufgabe der Kunsthandwerker war es, die Luxusgüter der Aristokraten zu verzieren. Die Handelsbeziehungen zur mediterranen Welt waren längst aufgebaut, woraus zu schließen ist, dass die keltische Kunst der Hallstattkultur von griechisch-etruskischen Vorbildern beeinflusst war. Fundstücke scheinen diese Ansicht zu untermauern, denn die Verzierungen zeigen im Grundmuster einen ähnlich auffälligen geometrischen Stil mit beispielsweise Zickzack, Dreieck, Viereck, Schach-

brett und Kreis wie den, der vor allem bei den Griechen zu dieser Zeit üblich war. Gegen Ende der Hallstattzeit brachen die keltischen Kunsthandwerker allerdings die strenge Geometrie auf, indem sie Figuren und Bilder aus dem Leben der keltischen Fürstenhöfe einbezogen und auch die Grundmuster der Verzierungen vielfältiger gestalteten. So war beispielsweise das umlaufende Verzierungsband einer Vase auf allen Seiten mit verschiedenartigen Mustern versehen, was bei den griechischen und etruskischen Vorbildern nicht der Fall war. Darüber hinaus wurden Verzierungen nicht mehr nur aufgemalt, sondern häufig auch durch Metallauflagen oder auch durch Leisten, Erhebungen, Gravuren und so weiter plastisch betont.

DIE SCHÖNHEIT DER KUNST IN DER LATÈNEZEIT

Der in allen Bereichen sichtbare Bruch am Ende der Hallstattzeit kann auch in der Kunst nachvollzogen werden: Der Kunststil der Latènezeit unterscheidet sich deutlich von dem der vergangenen Ära, da sich die keltische Kunst nun weitgehend eigenständig entwickelte. Sie brach zwar nicht vollständig mit der griechisch-etruskischen Kunstrichtung, fügte aber eigene und neue Einflüsse aus den Gebieten hinzu, in die die Kelten auf ihren Wanderungen gelangten. Der neue typisch keltische Latènestil nahm zunächst in den Gebieten, die in der ersten Wanderungswelle keltisch besiedelt wurden, seinen Ausgang, also von der Rheinpfalz, Lothringen, der Champagne und vom Hunsrück-Eifel-Gebiet. Deutlich sind später auch skytische und thrakische Einflüsse festzustellen, die durch die Besiedlung der entsprechenden Gebiete während der zweiten Wanderung wirksam wurden. In der »Kernzone« der keltischen Besiedlung während der Hallstattzeit wurden sowohl Zeugnisse der Kunst aus der späten Hallstatt- wie auch der Latènekultur ausgegraben. Denn die Besiedlung von Höhenzügen mit festungsähnlichen Wällen und Mauern wurde in der Latènezeit kontinuierlich weiterbetrieben, auch wenn die Ära der Hallstattkultur aus der Sicht der Nachkommen nahezu spurlos untergegangen war. Diese Kontinuität ist zunächst auch in der Kunst nachvollziehbar, auch wenn die kelti-

sche Kunst in den folgenden Jahrhunderten ein ausgesprochen hohes Niveau erreichte, an das man in Europa erst wieder im zweiten Jahrtausend nach der Zeitenwende anknüpfen konnte.

DIE ORNAMENTIK

Die Ornamentik spielte bereits in der späten Hallstattzeit eine wichtige Rolle, auch wenn sie zunächst noch von der strengen Geometrie in der Darstellung stark eingeengt wurde. So waren realistische Abbildungen der Wirklichkeit kaum möglich. In der frühen Latènezeit (5./4. Jahrhundert v. Chr.), deren Ornamentik ebenfalls noch von griechischen und etruskischen Stilelementen maßgeblich beeinflusst war, wurde dagegen mit weichen und fließenden Formen gearbeitet. Diese Formen ließen schon die für die keltische Kunst typische Abstraktion, Vieldeutigkeit und Rätselhaftigkeit erkennen, die zu einem ihrer wesentlichen Merkmale wurde. Nun wurden auch erstmals Darstellungen von Tieren, Fabelwesen, menschlichen Gesichtern und Pflanzen direkt in die Ornamentik einbezogen. Die Ornamentik des darauf folgenden Ranken- und Waldalgesheimstils (4./3. Jahrhundert v. Chr.) bevorzugt demgegenüber verschlungene Wellenranken und Spiralen. Waldalgesheim ist ein Ort in der Nähe von Basel. Hier fand man in einem Grab außergewöhnliche Kunstgegenstände eines neuen keltischen Stils und benannte daraufhin die zweite Phase der keltischen Kultur nach diesem Ort.

Dagegen bevorzugte der Späte oder Plastische Stil (3. bis 1. Jahrhundert v. Chr.) eine stark abstrahierende dreidimensionale Ornamentik. Die keltische Kunst war immer in hohem Maße von religiösen Vorstellungen geprägt, was angesichts der Dominanz der Religion in allen Lebensbereichen nicht überrascht. Die keltische Ornamentik verlieh der keltischen Kunst zudem einen magischen Charakter in der Darstellung. Vermutlich konnten die Kelten selbst darin nichts Rätselhaftes erkennen, denn sie waren wohl in die Bedeutung der Symbolik eingeweiht. Uns ist es jedenfalls bisher noch nicht gelungen, die Symbolik aufgrund der Ausgrabungen und der schriftlichen Überlieferungen, die ja nicht von den Kelten der vorchristlichen Zeit stammen, zu entschlüsseln.

das kunsthandwerk

Das Kunsthandwerk dürfte bei den Kelten eine der bedeutendsten Zünfte, wenn nicht die wichtigste überhaupt, gewesen sein.

Denn diese Handwerker leisteten Erstaunliches, wenn man bedenkt, dass die Sesshaftigkeit nicht unbedingt zu den hervorstechendsten Merkmalen der Kelten zählte. Das eher rastlose Dasein, das den Kelten eigen war, steht nämlich einer kunsthandwerklichen Entwicklung im Prinzip im Wege.

Kunst und impulsive Kriegsführung – ein Widerspruch?

Aber nur in der Ruhe von wohl geordneten, größeren Siedlungen kann diese beeindruckende Kunst der Kelten entstanden sein. Auch die persönliche Ruhe und Geduld, die für die Herstellung dieser Kunstwerke notwendig war, steht im krassen Widerspruch zum disziplinlosen und impulsiven Kelten, wie man ihn vor allem in der römischen Überlieferung kennen lernt. Das Bild von raubenden und plündernden Kelten, das gerade von den Römern zweifellos nicht frei erfunden war, hat offensichtlich den Blick auf die Leistungen der Kelten außerhalb der Schlachtfelder verstellt. Sollten auch die Kunsthandwerker von dieser möglicherweise typisch keltischen Unrast befallen gewesen sein, so konnten sie diese in hervorragender Art und Weise in künstlerische Kreativität umsetzen. Denn Künstler, die Aggressionen, Wut und Temperament mit genialen Eigenschaften verbinden können, waren – und sind – häufig sehr erfolgreich in ihrem Wirken. Also mag der keltische Kunsthandwerker im Vergleich zum wütenden Krieger gar kein Widerspruch sein.

Kreativität und technische Perfektion

Fast alle Werke der keltischen Kunst dürften aus den Werkstätten des Kunsthandwerks stammen, denn die technische Perfektion, mit der damals gearbeitet wurde, weist auf hoch spezialisierte Könner hin, die auf eine entsprechende technisch hoch stehende Ausstattung angewiesen waren. Vermutlich stand diese Ausstattung mehreren Handwerkern zur Verfügung, und möglicherweise gab es auf bestimmte Arbeitsvorgänge spezialisierte Handwerker. So könnte eine gut organisierte Arbeitsteilung die Herstellungszeit von Kunstgegenständen erheblich verkürzt haben. In den Werkstätten wurden Schmuck, Waffen und Gebrauchsgegenstände für religiöse, zivile oder militärische Zwecke mit großer Liebe zum Detail hergestellt. Als der Tauschhandel ein Ende fand und die Kelten mit Geld umzugehen lernten, bildete die Münzprägung ebenfalls einen Teil der keltischen Kunst. Nicht bekannt, aber wahrscheinlich ist, dass es zu diesem Zweck Spezialwerkstätten gab. Münzen sind neben den anderen Kunsterzeugnissen ein weiterer Beweis für das technische Können der keltischen Kunsthandwerker.

Die Schmuckherstellung

Schmuck war bei den Kelten, sowohl beim weiblichen wie auch beim männlichen Geschlecht, sehr beliebt. Die Überlieferungen antiker Autoren (Strabon, Diodoros), vor allem aber die vielen Funde in Gräbern sind der Beweis dafür. Tatsächlich war die Fertigung von Schmuck sehr vielfältig, was die Ausführung und die Wahl der Rohstoffe betrifft. Sicherlich wurde sehr häufig Bronze dafür verwendet, aber auch Gold und Eisen kamen zum Einsatz. Allerdings wurde damals nur selten Silberschmuck hergestellt. Als Verzierung des Schmuckstücks in Form von Einarbeitungen, Anhängern und so weiter wurden vor allem Glas, Koralle und die fossilen Stoffe Bernstein, Gagat und Sapropelit eingesetzt, die man zum Teil von weit her beziehen musste, was vor allem für Bernstein gilt.

In den Gräbern der vorrömischen Zeit kann man Fuß- und Halsringe den Frauen zuordnen, während Arm- und Fingerringe bei Personen beiderlei Geschlechts vorkommen. Nicht geklärt ist, warum der gedrehte Halsring des keltischen Kriegers (Torques) in Gräbern von Kriegern neben den anderen Utensilien militärischen Ursprungs fehlt. Keltische Torques kennen wir nur aus Hortfunden sowie aus bildlichen Überlieferungen und Beschreibungen antiker Autoren. Auch in Kindergräbern wurde häufig Schmuck gefunden; möglicherweise handelte es sich dabei aber um Amulette, die als solche in der Vergangenheit bei Ausgrabungen nur schwer zu erkennen waren und häufig als Schmuck missdeutet wurden. Es ist eher anzunehmen, dass Kinder Amulette trugen, die sie vor Gefahren schützen sollten, als dass sie Interesse an Schmuck gehabt hätten.

Amulette – Schutz vor Gefahren

Amulette sind – wie eben erwähnt – Anhänger, die ihren Träger beziehungsweise ihre Trägerin vor Gefahren schützen sollen. Das Amulett steht mit dieser abwehrenden Funktion im Gegensatz zum positiv besetzten Talisman, der das Glück anziehen soll. Dass es in der keltischen Kultur Amulette gab, ist allein durch archäologische Funde bewiesen worden – die schriftliche Überlieferung erwähnt sie nicht. Da Amulette nur in Kinder- und Frauengräbern gefunden wurden, geht man davon aus, dass nur diese Personengruppe Amulette trug. Eine eindeutige Aussage darüber ist aber kaum möglich, weil man erst in jüngerer Zeit zwischen Schmuck und Amulett klar unterscheiden kann. Funde aus dem 19. Jahrhundert können deshalb hierbei nicht berücksichtigt werden. Auch dürften viele Amulette aus organischen Stoffen (wohl vor allem aus Holz) hergestellt worden sein

und blieben daher selten erhalten. Tatsächlich dürfte auch heute noch eine Menge von Amuletten aus Metall, Glas oder Bernstein nicht von Schmuck zu unterscheiden sein, weil sie nicht die gewöhnliche Form von Amuletten aufweisen. Denn Amulette sind normalerweise an ihrer äußeren Form (wie Rädchen, Schuhe, Füßchen oder Beile), an ihrer Gestaltung (beispielsweise unfertige oder nach ihrer Herstellung unbrauchbar gemachte Ringe) oder an ihrer Nutz- beziehungsweise Schmucklosigkeit (wie beliebig geformte Eisenstückchen oder Versteinerungen) zu erkennen.

Es könnte auch sein, dass manche dieser Gegenstände gar nicht den Toten gehörten, sondern ihnen erst bei der Bestattung »mitgegeben« wurden. Ob sich so vielleicht Hinterbliebene vor den Geistern der Toten schützen wollten oder ob der nun unbeschützte Tote im Reich der Toten von einem Amulett geschützt werden sollte, mag dahingestellt bleiben.

Torques – Schmuck, Rangabzeichen und Kriegstrophäe

Nach der Bronzezeit verwendeten verschiedene Völker Torques als Schmuck und Rangabzeichen. Dabei handelt es sich um kunstvoll gewundene metallene Halsreifen aus ineinander verflochtenen Drähte, deren Enden häufig prächtige Verzierungen aufweisen. Archäologische Funde, Abbildungen wie auch antike Berichterstatter bezeugen, dass die Kelten ebenfalls Torques trugen.

Als steinernes Zeugnis für den Gebrauch von Torques bei den Kelten gilt die Statue des Kriegers von Hirschlanden, der aus der Hallstattzeit stammt. Schriftliche Erwähnung finden Torques bei den Historikern Livius und Polybios. Livius erzählt die Geschichte des römischen Feldherrn Manlius, der den Beinamen Torquatus erhielt, weil er um 360 v. Chr. in den ersten Gallierkriegen im Zweikampf einen gallischen Fürsten erschlagen und dessen Torques erbeutet hatte. Polybios berichtet, dass auch in der Schlacht von Telamon 222 v. Chr. viele keltische Krieger goldene Torques und Armreife getragen hätten – nach der Schlacht seien die Torques zusammen mit den erbeuteten gallischen Feldzeichen als Trophäen am Kapitol in Rom aufgehängt worden. Die Vermutung liegt daher nahe, dass es sich bei den Torques weniger um schmückendes Beiwerk als vielmehr um gesellschaftliche und/oder militärische Rangabzeichen gehandelt hat.

So ist es nicht überraschend, dass man auch Götterbilder mit dem Torques schmückte. Der in Gallien geborene Historiker Pompeius Trogus berichtet, dass der gallische Fürst Catamandus nach seinem Friedensschluss mit der Stadt Massilia (Marseille) einer als Minerva bezeichneten keltischen Göttin einen goldenen Torques weihte. Zu den bekanntesten Darstellungen keltischer Gottheiten mit Torques zählen die Abbildungen eines gehörnten Gottes auf dem Kessel von Gundestrup, die Darstellung des Cernunnos auf dem Monument der Nautae Parisiaci, die Bronzeplastik des Gottes von Bouray sowie die Sandsteinplastiken von Euffigneix (einem Ort im Departement Haute-Marne östlich von Troyes) und Mšecké Žehrovice (einem Ort westlich von Prag). Den Römern galt der gedreht Halsreif als so typisch keltisch, dass der Dichter Claudian um 400 n. Chr. in einer Festdichtung das personifizierte Gallien einen Torques tragen ließ.

Bernstein als krönendes Beiwerk zu Schmuck

Bernstein, der an den Küsten Westjütlands und Ostpreußens (Samland) abgebaut wird, war den Kelten als wertvoller Rohstoff wohl bekannt. Von Südengland bis Griechenland wurde er seit der Bronzezeit über weite Wege importiert. Es liegt die Vermutung nahe, dass es im Bernsteinfernhandel Handelsstützpunkte gegeben hat, zu denen die Kunden nähere und ungefährlichere Wege hatten als zum Abbaugebiet selbst. Nur auf diesem Weg können die Kelten Bernstein bezogen haben, denn sie unterhielten keine direkten

Kontakte zu den Bewohnern der Nord- und Ostseeküste. Von den keltischen Kunsthandwerkern wurde Bernstein vor allem in der späten Hallstatt- und frühen Latènezeit zur Herstellung von Perlen, Ringen, Anhängern und verschiedenen Einlegearbeiten verwendet. Den meisten Bernsteinschmuck fand man in Gräbern, während Bernstein bei der archäologischen Untersuchung von Siedlungen nur selten zu finden ist. Schöne Kolliers mit mehreren hundert Bernsteinperlen wurden in Dürnberg bei Hallein, in Hohmichele und in Magdalenenberg gefunden. Neben einem beinernen Sphinx mit einem aufgesetzten Gesichtchen aus Bernstein lagen im geplünderten Grab von Grafenbühl mehrere Bernsteinplättchen, die ursprünglich wohl in Möbelstücke eingelassen waren. Es scheint so, als wäre Bernsteinschmuck auch eigens für die Bestattung hergestellt und dem Toten nicht als Schmuck, sondern als Amulett mitgegeben worden. Denn bei der archäologischen Untersuchung des Grabes von Hoch-

dorf entdeckte man neben fünf Bernsteinperlen am Hals des Toten auch Abfälle der Bernsteinverarbeitung. Auf welchen Wegen der Bernstein zu den Kelten gelangte, wissen wir nicht.

Bronze – das Alltagsmetall

Bronze ist ein weiches, leicht zu bearbeitendes Metall, das die keltischen Stämme unkompliziert beschaffen konnten. Die Kelten verwendeten Bronze vor allem für Schmuck und Bestandteile der Kleidung, aber auch zur Herstellung von Metallgeschirr und Blechbeschlägen. Die Gegenstände wurden gegossen und/oder geschmiedet und häufig mit Ziselierungen und farbigen Einlagen aus Bernstein, Koralle oder Emaille reich verziert. In Gräbern und auf dem Gelände von keltischen Siedlungen fand man bronzene Schild- und Wagenbeschläge, Gürtelbleche, Hals-, Arm- und Fußringe, Fibeln, Anhänger, Kleingeräte (wie beispielsweise Nagelschneider, Ohrlöffel und Pinzetten, Näh- und Haarnadeln), Pferdegeschirr, Becher, Kessel, Schalen und Kännchen. Als ein Meisterwerk der keltischen Bronzeverarbeitung gilt die 2,75 Meter lange, mit eingepunzten Bildern verzierte Totenliege aus dem Grab von Hochdorf.

Eisen – das Metall der Macht

Die Kenntnis der Eisenverarbeitung stammt ursprünglich aus dem Orient und gelangte auf überaus verwinkelten und langwierigen Wegen nach Mittel- und Westeuropa. Vereinzelte Objekte aus Eisen wurden bei Grabungen in Objekten der Urnenfelderkultur gefunden, die aus dem 10./9. Jahrhundert v. Chr. stammten. Aber erst am Übergang zur Hallstattzeit konnte sich das neue Metall allgemein durchsetzen. In den folgenden Jahrhunderten war Eisen in Europa von so großer Bedeutung, dass man diesen Abschnitt der Geschichte bis heute als »Eisenzeit« bezeichnet. Man hatte nun neben Bronze ein weiteres Metall zur Verfügung, das jedoch wesentlich härter und deshalb für Waffen, Werkzeuge, Hausrat und landwirtschaftliche Geräte besser geeignet war, weil sich Schneiden und Klingen lange nicht so schnell abnützten. Aber auch Bestandteile der Kleidung und Schmuck (wie Nadeln, Fibeln, Gürtelbleche und -haken) fertigte man zum Teil aus Eisen.

Eisen wurde im Gegensatz zu Bronze nicht gegossen, sondern geschmiedet. Das Schmiedehandwerk war hoch entwickelt, und die Schmiede waren im Bereich der Gebrauchsgegenstände und Waffen ähnlich geachtet wie die Kunsthandwerker in ihrem Bereich. Die Verhüttung und Verarbeitung von Eisen war ein bedeutender und sehr lukrativer Zweig der keltischen Wirtschaft. In den Abbaugebieten von Eisenerz entstanden großflächige, sehr wohlhabende Siedlungen. Eisen gelangte in Form von zwei bis zehn Kilogramm schweren, doppelpyramiden- oder stabförmigen Barren, die gut zu stapeln und zu transportieren waren, in den Handel. Von solchen Barren fand man bisher über 700 Exemplare, die meisten in Lothringen, Südwestdeutschland und der Schweiz.

Gold – das wertvolle Edelmetall auch bei den Kelten

Das Edelmetall Gold wurde in größeren Mengen auf der Iberischen Halbinsel, in Südgallien und im Alpenraum gefunden, wobei es aus Flüssen sowie im Tage- und Untertagebau aus Minen gewonnen wurde, wie die Autoren Diodoros, Plinius der Ältere und Strabon berichten. Das Edelmetall dürfte bei den Kelten etwa den gleichen Rang wie in den Jahrtausenden danach gehabt haben, denn sie verwendeten Gold für Schmuck und später vor allem für Münzen, was dafür spricht, dass Gold nicht häufig vorkam und entsprechend teuer war. Es wurde meist gehämmert und getrieben, obwohl man die Techniken des Gießens, Schweißens, Lötens und Granulierens in einigen wenigen Gegenden kannte und auch anwandte. Fundgegenstände aus Gold stammen in aller Regel entweder aus Gräbern (Fürstengräber) oder aus Hort- und Opferfunden.

Fibeln – der Alltagskunstgegenstand

Selten dürfte in der Kulturgeschichte ein Gegenstand in so vielfältigen Formen gearbeitet worden sein wie die keltische Fibel. Die Gewandspangen, die ähnlich wie die heutigen Sicherheitsnadeln konstruiert sind und wie Knöpfe und Reißverschlüsse die Kleidung zusammenhielten, fanden bei den Kelten und anderen Kulturen über Jahrhunderte in riesiger Stückzahl Verwendung. Die keltischen Kunsthandwerker beziehungsweise Schmiede wurden offenbar nicht müde, immer wieder neue Formen und Verzierungen der Fibeln hervorzubringen. Sie wurden meist aus Eisen oder Bronze gefertigt und häufig mit Ornamenten, figürlichen Darstellungen und/oder Einlegearbeiten verziert. Schlangen-, Bogen-, Kahn-, Pauken-, Fußzier-, Masken- und Tierkopfformen wechselten ständig in Form und Größe, sodass Fibeln, nachdem man sie hinsichtlich ihrer Herstellungszeit systematisieren konnte, für die Datierung archäologischer Funde eine der wichtigsten Gegenstände wurden.

die keltischen münzen

Ein nicht unbedeutender Nebenaspekt der keltischen Kunst ist die Münzprägung, die mehr oder weniger kunstvoll ausgearbeitete Motive hervorbrachte. Es wurde Gold, Silber und Bronze für die Herstellung der Münzen verwendet, wobei der Bronze im geschmolzenen Zustand in der Regel noch Zinn beigegeben wurde. Der Bedarf an Münzen war groß, sodass es spezialisierte Werkstätten gegeben haben muss, die in der Lage waren, viele Münzen in guter Qualität herzustellen. Wahrscheinlich waren diese Münzprägeorte gut geschützt, und die Handwerker unterstanden ständiger Kontrolle. Aufgrund der Funde einerseits von Tüpfelplatten, Feinwaagen und Münzstempel innerhalb von Siedlungen und andererseits von (meist gleichen) Münzen in großer Anzahl weit abseits der Siedlungen, nimmt man an, dass in der Landschaft geeignete Depots für die Lagerung der Münzen gesucht und gefüllt wurden.

Zur Verarbeitung wurde das Metall geschmolzen, mit Feinwaagen gewogen, in so genannte Tüpfelplatten aus Ton gegossen, die der zukünftigen Münzengröße entsprechende Vertiefungen aufwiesen, in noch warmem Zustand herausgenommen, nachgewogen und wenn notwendig befeilt. Die unmittelbar darauf folgende Prägung des noch warmen Schrötlings erfolgte mit einem per Hand geführten Oberseitenstempel und einem in einen Block eingelassenen Unterseitenstempel, auf den der Schrötling gelegt wurde. Mit einem Hammerschlag auf den Oberseitenstempel wurden beide Seiten der Münze zugleich mit den Bildern geprägt. Nur die Bronzelegierungen wurden nicht geprägt, sondern in Gussformen gegossen, in die die Bilder der vorgesehenen Prägung zweiseitig eingearbeitet worden waren. Die Arbeit des Münzprägens dürfte kaum nennenswerte künstlerische Fertigkeiten vorausgesetzt haben – nur die Fertigung der Stempel verlangte kunsthandwerkliches Können.

Einen anderen Fall stellten Münzen dar, die mit Schmuckstücken (beispielsweise in Kolliers oder als Anhänger) kombiniert wurden. Es ist anzunehmen, dass solche Münzen in Handarbeit hergestellt wurden, sodass sie das Schmuckstück nicht durch eine ungenügende künstlerische Ausarbeitung im Wert mindern konnten.

KERAMIK UND TÖPFERKUNST

Auch wenn die Töpferei vornehmlich praktischen Zwecken diente, soll sie im Rahmen des Kunsthandwerks Erwähnung finden. Es handelt sich nämlich zum Teil um reich verzierte Gebrauchsgegenstände, deren Ornamentik je nach Entstehungszeit und Herkunftsort stark variieren konnte. In den ostkeltischen Ländern der Früheisenzeit wurden die Keramikwaren mit Negativreliefs von Tier- und anderen Zeichnungen ausgestattet. Gallische Töpfer bemalten später ihre Waren mit roten oder schwarzweißen Bandmustern oder verliehen ihren Töpfen einen metallenen Schimmer, der durch die Beimengung von Grafit entstand. In Ungarn entwickelte man schlichte, aber elegant-dekorative Stempelmuster, während in Südbritannien kurvolineare und geometrischen Muster kombiniert wurden.

STEINERNE SKULPTUREN, STATUEN UND RELIEFS

Im Vergleich zur Metallverarbeitung spielte die Kunst der Steinmetze in der keltischen Kultur möglicherweise eine geringere Rolle. Allerdings wurden schon eine ganze Reihe von steinernen Skulpturen, Statuen und Reliefs gefunden, die dieser Vermutung durchaus widersprechen könnten.

So entdeckte man in Hirschlanden, einem Ort bei Ludwigsburg, die lebensgroße Stele eines Kriegers aus der Hallstattkultur, als man zwei keltische Fürstengräber untersuchte. Die Skulptur wurde aus Stubensandstein vollplastisch gearbeitet und dürfte früher einen der beiden Gräberhügel gekrönt haben. Der dargestellte Krieger ist nackt und mit erigiertem Penis dargestellt, ein Umstand, der darauf schließen lässt, dass kriegerische Tapferkeit und sexuelle Potenz eine wünschenswerte Einheit gebildet haben, die man an dieser Skulptur deutlich machte. Ausgerüstet ist der Krieger mit einem Helm beziehungsweise Hut, einem Halsring und einem Gürtel, an dem eine Scheide mit einem Messer befestigt ist, das er quer vor dem Bauch trägt. Es könnte sein, dass das Gesicht des Kriegers mit einer Totenmaske verhüllt ist, weil es leicht nach unten verrutscht erscheint.

Ein weiterer Beweis für die Existenz einer Steinmetzkunst wurde in der Nähe von Steinenbronn bei Böblingen gefunden. Die zwei zusammengehörigen Bruchstücke einer keltischen Stele aus dem 5. Jahrhundert v. Chr. (also aus der Endphase der Hallstattkultur), gehörten zu einem Kunstwerk, das wiederum aus Sandstein gearbeitet und dessen eigentliche Größe nicht bekannt ist. Die gut erhaltene Stele weist eine Höhe von 1,25 Meter auf, wobei der breiter ausgeführte Sockel 25 Zentimeter hoch ist. Dass die Stele ursprünglich sehr viel höher gewesen sein könnte, lässt die Abbildung eines menschlichen Unterarms mit Hand und Fingern vermuten, an dessen Ellbogen die Stele abgebrochen ist. Möglicherweise liegt der eigentlich wichtige Teil des Kunstwerks nicht auf dem gefundenen Bruchstück, sondern wäre im oberen verschollenen Teil zu finden. Der mittlere Teil der Stele ist auf allen drei bearbeiteten Seiten mit aufwändig dargestellten Ranken verziert.

Weitere Zeugnisse der Steinmetzkunst, zum Teil auch aus späterer Zeit, wurden beispielsweise in Heidelberg, in Trier, auf dem Glauberg, in Euffigneix (einem Ort im Department Haute-Marne östlich von Troyes), in Paris (unter der Kathedrale Notre-Dame) und in Mšecké Žehrovice gefunden.

Die Bearbeitung der Skulpturen, die aus ganzen Steinen bestehen, muss in der Hall-

stattzeit angesichts der weichen Metalle oder gar der Steine, aus denen man die Schneiden von Werkzeuge fertigen konnte, einen enormen Zeitaufwand dargestellt haben. Vielleicht ist das der Grund, warum diese Art der Kunst möglicherweise seltener war und man lieber die Metallbearbeitung vorzog. Andererseits könnte es aber auch sein, dass die Steinmetzarbeiten eine regionale Spezialität waren, denn man hat bisher vor allem Werke aus Sandstein gefunden, der sich verhältnismäßig leicht bearbeiten lässt.

An dieser Stelle muss auch darauf hingewiesen werden, dass gerade die Steinmetzkunst – seien die Werke nun von den Kelten selbst oder von Griechen und Römern gefertigt worden – einen nicht unerheblichen Beitrag zur Keltenforschung geleistet hat. Die häufig figürlichen Darstellungen auf Reliefs zeichnen ein eindrückliches Bild von den Kelten und ihren Lebens- beziehungsweise Kampfgewohnheiten. So zeigt zum Beispiel ein Relief aus dem 4./5. Jahrhundert v. Chr., das bei Bologna gefunden wurde, den Kampf zwischen einem Kelten und einem etruskischen Krieger. Während der Etrusker bereits mit Pferd und Brustpanzer in den Kampf zog, verteidigte sich der Kelte noch nackt und nur mit Schwert bewaffnet. Dass die Kelten von ihren Gegner lernten, beweist ein weiteres Steinrelief, das im 1. Jahrhundert vor Christus entstand: Es zeigt einen nun ebenfalls mit Brustpanzer, Schwert und Schild ausgerüsteten keltischen Krieger.

HOLZBEARBEITUNG DURCH KÜNSTLER

Auffällig ist, dass man bei Ausgrabungen sehr selten auf Kunstwerke aus Holz stößt. Denn es wäre ungewöhnlich, wenn bei den Kelten Holz als Rohmaterial für die Kunst keine Rolle gespielt hätte, wo es in den meisten keltischen Siedlungsgebieten reichlich vorhanden gewesen sein dürfte. Außerdem besaß man die geeigneten Werkzeuge mit Bronze- oder aus Eisenklingen, mit denen man Holz mühelos bearbeiten hätte können.

Andererseits aber diente Holz den Kelten vor allem als technisches Hilfsmittel. Es wurde in großen Mengen zum Bau von Häusern und Festungs- anlagen gebraucht und leistete auch im Bergbau – zur Ausschalung der Schächte und zum Abbruch von Rohstoffen und der Salzgewinnung – wertvolle Hilfe. Es dürfte daher zunächst vor allem als wichtiges Gebrauchsmaterial verstanden worden sein.

Tatsächlich aber weisen einige Funde darauf hin, dass Holz auch zur Produktion von Gegenständen mit rein künstlerischem oder kultischem Gehalt eingesetzt wurde. Aber nur unter glücklichen Umständen haben Holzkunstwerke die Jahrtausende überdauert, wie beispielsweise in einem Brunnenschacht in der Viereckschanze von Fellbach-Schmiden, der 20 Meter tief war und bis zum Grundwasserspiegel reichte. Dort fand man drei prächtige, in Holz gefertigte Tierfiguren, zu denen ein sitzender Mensch gehört haben müsste, der jedoch spurlos verschwunden ist. Der ausgesprochen geringe Anteil an Holzkunstwerken, der in Ausgrabungsstätten gefunden werden kann, ist wohl auch darauf zurückzuführen, dass Holz ein leicht vergängliches und zerstörbares Material ist. Man muss davon ausgehen, dass hölzerne Gegenstände zum Beispiel bei Feuersbrünsten nicht gerettet werden konnten und zusammen mit den Gebäuden verbrannten, dass aufgrund fehlender Imprägnierungen das Holz mit der Zeit zerfiel oder dass die einzelnen Kunstwerke mit der Zeit für ihre Besitzer an Bedeutung verloren und als Heizmaterial den Flammen zum Opfer fielen.

DIE KELTEN IN DER LITERATUR

In der Hochzeit ihrer Kultur verfügten die Kelten über keine Schreibschrift, in der sie ihre eigene Geschichte hätten überliefern können. Zwar waren Händler und andere Kelten, die vor allem mit den Römern Kontakt hatten, der Schrift mächtig, verwendeten diese aber nur für Belange des Handels. Auch benutzte man für Inschriften Schriftzeichen, die in der Regel von den Schriftsystemen der Völker aus dem Mittelmeerraum entlehnt wurden. Die keltische Geschichte wurde bis zum Vordringen der Römer allein mündlich von Barden und Druiden überliefert. Erst die Römer schrieben nieder, was sie in Zusammenhang mit den Kelten erlebten und in den besetzten keltischen Gebieten in Augenschein nehmen konnten.

Nur auf den britischen Inseln konnte das Druidentum sich noch jahrhundertelang halten, während es auf dem Kontinent von den Römern verboten wurde. Die Überlieferung auf den Inseln funktionierte also noch eine lange Zeit und konnte so eine Brücke zu den ersten keltischen Schriften schlagen, die im Zuge der Christianisierung und das Aufgehen der keltischen Religion darin niedergeschrieben wurden. Es wird daran gezweifelt, ob diese Niederschriften objektiv oder von den Gedanken des Christentums massiv manipuliert waren. Denn die christianisierten irischen Kelten stürzten sich genauso vehement in die neue Religion, wie sie vorher ihre eigene ausübten.

Großen Anteil daran, dass die keltische Überlieferung zumindest ansatzweise überlebte, hat der englische Historiker Geoffrey von Monmouth, der im 12. Jahrhundert »Die Geschichte der Könige von Britannien« niederschrieb. Allerdings beschränkte er sich keineswegs auf die überaus dürftige Quellenlage, sondern ließ seiner Fantasie freien Lauf, sodass ein eher romanhaftes Werk entstand

als eine wissenschaftlich fundierte historische Abhandlung. Mittelpunkt ist bei Geoffrey von Monmouth König Arthur, der später bei Wace dann zu König Artus wurde. Dass König Artus tatsächlich lebte, wurde nie angezweifelt, denn schon in der »Historia Britonum«, entstanden um 700, wird er als derjenige Herrscher erwähnt, der einen heldenhaften Abwehrkampf um das Überleben der Kelten gegen die eingefallenen Sachsen leistet.

Auch andere Schriften vor der Zeit von Geoffrey von Monmouth erzählen das Loblied über Artus, auch wenn darin häufig offenbar Sagenhaftes einfloss. Geoffrey von Monmouth wird zugebilligt, er habe die vielen Artus-Teile in der Literatur zusammengefasst und daraus einen gut lesbaren, spannenden historischen Roman gemacht, der für die damaligen Verhältnisse sehr erfolgreich war und schnell in vielen Abschriften existierte. Dass die restlichen 1600 Jahre, die sein Werk umfasste, einen eher nebensächlichen Eindruck erwecken und wie eine Ouvertüre für die Hauptgestalt Artus wirken, dürfte nicht zuletzt an der praktisch nicht vorhandenen Quellenlage der keltischen Geschichte gelegen haben.

Die historisch begründete Sage um Artus und seine Tafelrunde sowie um den Zauberer Merlin, den man wohl als Druiden auffassen darf, legte den Grundstein für die Ritterkultur, für das höfische Epos, den so genannten Artus-Roman, den in den folgenden Jahrhunderten die größten Dichter Europas bearbeiteten: Wolfram von Eschenbach, Hartmann von der Aue und viele andere.

1155-1160	Wace: Le roman de Brut
1150-1160	Robert Biket: Lai du Cor
1160-1189	Marie de France: Sammlung der Lais
1170	Chrétien de Troyes: Erec
1176	Chrétien de Troyes: Cligés
1177-1181	Chrétien de Troyes: Lancelot
1177-1181	Chrétien de Troyes: Yvain
1181-1188	Chrétien de Troyes: Perceval
um 1180	Hartmann von Aue: Erec
nach 1194	Ulrich von Zatzichoven: Lancelot
um 1200	Hartmann von der Aue: Iwein
1200-1210	Wolfram von Eschenbach: Parzival
1210-1215	Wirnt von Grafenberg: Wigalois

Die Artus-Sage in Europa

Es versteht sich von selbst, dass der historische Kern der Sage zu Gunsten der Ausschmückung höfischen Treibens immer weiter zurücktreten musste. Denn die Einflüsse, denen die Autoren in ihrer Gesellschaft ausgesetzt waren, schlugen sich in ihrem Werk nicht unerheblich nieder. Besonders den deutschen Dichtern konnte man es kaum verübeln, dass König Artus und seine Ritter bei ihnen ein Verhalten an den Tag legten, wie man es von den Höfen der deutschen Kaiser und Könige des hohen Mittelalters kannte oder es gerne so gehabt hätte. Aber die Dichtungen von Hartmann von der Aue, Wolfram von Eschenbach und Wirnt von Grafenberg wurden eben als Dichtungen niedergeschrieben und nicht als historische

Abhandlungen. König Artus stand dementsprechend der deutschen Literatur viele Jahrhunderte lang zur Verfügung und avancierte zu einem der meistgelesenen literarischen Stoffe.

Einen neuen Höhepunkt fand die Überlieferung von König Artus, als sie für weltanschauliche oder politische Zwecke eingespannt wurde. Es entwickelte sich eine neuzeitliche Keltenideologie, in die Kelten einerseits in moralisierender Absicht idealisiert, andererseits aber auch aus politisch-militärischen Gründen negativ dargestellt wurden. In Frankreich betrachtete man ab dem 16. Jahrhundert die Gallier und in bestimmten Gegenden Deutschlands andere keltische Stämme als Vorfahren, was die keltische Überlieferung in ein stark nationalistisches Fahrwasser brachte und sie zur »keltischen Ideologie« machte. Dass die Autoren der Irischen Renaissance ausgehend von den Schriften Ernest Renans und Matthew Arnolds ihre keltische Vergangenheit idealisierten, erscheint demgegenüber recht nahe liegend.

In Deutschland fand die Artus-Sage durch Richard Wagner einen ruhmreichen Höhepunkt. Seine Oper »Parsifal«, die im Jahre 1882 in Bayreuth uraufgeführt wurde, ist von der Vorlage von Wolfram von Eschenbachs »Parzival« stark beeinflusst, auch wenn sie sich thematisch recht weit von der Vorlage entfernt. Gleichwohl zeigte sich Wagner begeistert von Wolfram von Eschenbachs Dichtung, konnte er sich doch von der Idee des heiligen Grals nicht mehr lösen, bis er Jahrzehnte später den »Parsifal« komponierte. Allerdings spielt Artus selbst darin keine Rolle – sie wird stellvertretend von Tirutel eingenommen.

Auch in modernen Literaturformen kommen die Kelten vor: In der französischen Comic-Serie »Asterix« des Zeichners Albert Uderzo und des Autors René Goscinny wird der heroische Kampf eines gallischen Dorfes gegen die römischen Legionen beschrieben. Der Titelheld Asterix mit seinem Freund Obelix schaffen es mit List und dem Zaubertrank des Druiden Miraculix immer wieder, die Römer von einer Verlegenheit in die andere zu stürzen. Die Details der Geschichten zeugen von penibler Recherche über das Leben der gallischen Kelten. Die Comic-Serie bildet vorerst den Abschluss keltisch beeinflusster Literatur.

LITERATURNACHWEIS

CUNLIFFE, BARRY: Die Kelten und ihre Geschichte. © Gustav Lübbe Verlag. Bergisch-Gladbach 2000

DANNHEIMER, HERMANN / GEBHARD, RUPERT (HRSG.): Das keltische Jahrtausend/ Prähistorische Staatssammlung München, Museum für Vor- und Frühgeschichte. © Von Zabern. Mainz 1993

DEMANDT, ALEXANDER: Die Kelten. © Beck Verlag. München 1999

HOPMAN, ELLEN EVERT: Die Weisheit der Druiden – Magisches Heilwissen rund ums Jahr. © Falken Verlag. Niedernhausen/Ts., 1998

LE ROUX, FRANCOISE / GUYONVARC'H, CHRISTIAN-J.: Die Druiden – Mythos, Magie und Wirklichkeit der Kelten. , © Arun-Verlag. Engerda 1999

MAIER, BERNHARD: Lexikon der keltischen Religion und Kultur. © Kröner. Stuttgart, 1994

VESCOLI, MICHAEL: Der keltische Baumkalender – Über den Menschen, die Zeit und die Bäume. © Hugendubel Verlag. München 1996

WOOD, JULIETTE: Die Kelten – Weisheit und Mythos. © Bechtermünz / Weltbild Verlag. Augsburg 2000

DER AUTOR

Herbert Schwinghammer studierte Politikwissenschaft und Geschichte. Er arbeitet als freier Journalist und Fotograf in München und hat neben zahlreichen Artikeln in Fachzeitschriften bereits mehrere Bücher veröffentlicht.

BILDNACHWEIS

Alle Illustrationen: CD-ROM Celtic Designs, Dover Electronic Clip Art

HAFTUNGSAUSSCHLUSS

Die Inhalte dieses Buches sind sorgfältig recherchiert und erarbeitet worden. Dennoch kann weder der Autor noch der Verlag für die Angaben in diesem Buch eine Haftung übernehmen.

IMPRESSUM

Es ist nicht gestattet, Abbildungen und Texte dieses Buches zu digitalisieren, auf PCs oder CDs zu speichern oder auf PCs/Computern zu verändern oder einzeln oder zusammen mit anderen Bildvorlagen/Texten zu manipulieren, es sei denn mit schriftlicher Genehmigung des Verlages.

Weltbild Buchverlag
© 2001 Weltbild Verlag GmbH, Augsburg
Alle Rechte vorbehalten
Redaktion: Ursula Klocker
Redaktionsleitung: Friederike Lutz
Umschlag: Peter Gross, München
Layout/Spielplan/Spielkarten: Peter Gross, München
DTP/Satz: Dirk Risch, München
Reproduktion: Kaltnermedia GmbH, Bobingen
Druck und Bindung: Offizin Andersen Nexö –
ein Betrieb der INTERDRUCK Graphischer Großbetrieb GmbH, Leipzig
Gedruckt auf chlorfrei gebleichtem Papier

Printed in Germany

ISBN 3-89604-652-7

STICHWORTVERZEICHNIS